Guttentagsche Sammlung
Nr. 5a. Deutscher Reichsgesetze. Nr. 5a.
Textausgaben mit Anmerkungen.

Wechselstempelgesetz

vom 15. Juli 1909

nebst den Ausführungsbestimmungen des Bundesrats, den Gesetzesmaterialien und den Entscheidungen der höchsten Gerichte und Verwaltungsbehörden.

Textausgabe mit Anmerkungen, einem chronologischen und einem Sachregister.

Von

Geh. Regierungsrat P. Loeck,
Reichsbevollmächtigter.

Elfte erweiterte Auflage.

Berlin 1913.
J. Guttentag, Verlagsbuchhandlung,
G. m. b. H.

Inhaltsverzeichnis.

Abkürzungen.

AB. oder AusfB. = Ausführungsbestimmung.

Begr. = Begründung des Gesetzes und zwar (09 I) = das Ges. v. 4. März 09, (09 II) = das Ges. v. 15. Juli 09.

Beschl. = Beschluß.

BGBl. = Bundesgesetzblatt.

BGB. = Bürgerliches Gesetzbuch.

Bl. f. d. b. FW. = Blätter für das bayerische Finanzwesen.

BR. = Bundesrat.

DRA. = Deutscher Reichs- und Preuß. Staatsanzeiger.

DJZ. = Deutsche Juristenzeitung.

Entsch. = Entscheidungen des Obertribunals, des Reichsgerichts in Zivilsachen, in Strafsachen.

FM. = Finanzministerium — FME. = Erlaß desselben.

G. oder Ges. = Gesetz.

GA. = Goltdammer, Archiv für Strafrecht.

GS. = Gesetzsammlung.

Holdh. = Holdheims Monatsschrift.

JM. = Justizminister — JMBl. = Justizmin.-Blatt.

JME. = Justizmin.-Erlaß.

JW. = Juristische Wochenschrift.

KabO. = Kabinettsorder.

KG. = Kammergericht.

MBl. = Ministerialblatt für die gesamte innere Verwaltung.

MdJ. = Minister des Innern.

OR. = Oppenhoff, Rechtsprechung des Obertribunals.

OT. = Obertribunal.
OTE. = Obertribunalserkenntnis.
Reg. in F. = Regierung in Frankfurt a. O.
RGBl. = Reichs-Gesetzblatt.
RGE. = Reichsgerichtserkenntnis.
RK. = Reichskanzler.
RSchA. = Reichsschatzamt.
RStG. = Reichsstempelgesetz.
RStGB. = Reichsstrafgesetzbuch.
RZBl. = Zentralblatt für das Deutsche Reich.
St. = Stempel.
StrA. = Striethorst, Archiv für Rechtsfälle.
StPO. = Strafprozeßordnung.
W. = Wechsel.
WO. = Allgemeine deutsche Wechselordnung.
WStG. = Wechselstempelgesetz.
ZBl. = Pr. Zentralblatt der Abgaben- usw. Gesetzgebung und Verwaltung.
ZPO. = Zivilprozeßordnung.

Abschnitt I.

1. Gesetz wegen

Änderung des Wechselstempelgesetzes.

Vom 15. Juli 1909 (RGBl. S. 740).

Wir Wilhelm, von Gottes Gnaden Deutscher Kaiser, König von Preußen 2c.

verordnen im Namen des Reichs, nach erfolgter Zustimmung des Bundesrats und des Reichstags, was folgt:

Artikel I.

Das Wechselstempelgesetz vom 4. März 1909 (Reichs-Gesetzbl. S. 310ff.) wird dahin geändert:

* * *

Artikel II.

Der Reichskanzler wird ermächtigt, die Fassung des im Artikel I bezeichneten Gesetzes, welche sich aus den Vorschriften des vorliegenden Gesetzes ergibt, in fortlaufender Nummernfolge der Paragraphen mit dem Datum des vorliegenden Gesetzes durch das Reichs-Gesetzblatt bekannt zu machen.

Soweit in Reichsgesetzen oder Landesgesetzen auf die Vorschriften des Wechselstempelgesetzes verwiesen ist, treten die entsprechenden Vorschriften der vom Reichskanzler bekannt gemachten Fassung an die Stelle.

---

2. Bekanntmachung, betreffend

die Fassung des Wechselstempelgesetzes.

Vom 21. Juli 1909 (RGBl. S. 825).

Auf Grund des Artikel II des Gesetzes wegen Änderung des Wechselstempelgesetzes vom 15. Juli 1909 (Reichs-Gesetzbl. S. 740) wird die Fassung des Wechselstempelgesetzes nachstehend bekannt gemacht.

Berlin, den 21. Juli 1909.

Der Reichskanzler.

In Vertretung:

Wermuth.

3. Wechselstempelgesetz.

Vom 15. Juli 1909 (RGBl. Nr. 44 S. 825).

---

§ 1. Gezogene und eigene Wechsel unterliegen dem Wechselstempel.

Von der Stempelabgabe befreit bleiben:

1. die vom Ausland auf das Ausland gezogenen und die im Ausland ausgestellten eigenen Wechsel, wenn sie nur im Auslande zahlbar sind[1]);
2. die vom Inland auf das Ausland gezogenen, nur im Ausland, und zwar auf Sicht[2]) oder spätestens innerhalb zehn Tagen nach dem Tage der Ausstellung zahlbaren Wechsel, sofern sie vom Aussteller unmittelbar in das Ausland versendet werden[3]).

1. Gegen früher ist nunmehr auch die Befreiung der im Ausland ausgestellten, im Ausland zahlbaren eigenen W. von der Stempelabgabe in das Gesetz aufgenommen.

2. Für die Stempelpflichtigkeit eines W. entscheidet nur der Inhalt der Schrift, ohne Rücksicht darauf, ob das W.geschäft zur Ausführung gelangen kann oder nicht. Darum ist auch derjenige W. stempelpflichtig, welcher von

---

[1]) Vgl. Anh. Anm. 1 Ziff. 3.
[2]) Vgl. Anh. Anm. 1 Ziff. 4 litt. a.
[3]) Vgl. Anh. Anm. 1 Ziff. 4 litt. b.

einem unter väterlicher Gewalt stehenden Aussteller herrührt, ohne daß dieser Umstand aus dem Wechsel selbst erhellt. OTE. 13. Mai 59. JMBl. S. 236. ZB. S. 154.

3. Eine W.unterschrift, die von dem zur Eingehung von W.verpflichtungen allgemein Bevollmächtigten unmittelbar und ausschließlich mit dem Namen des Machtgebers vollzogen worden ist, ist gültig. RGE. 14. Jan. 93. Bes. Beil. zum DRA. S. 191. — Ebenso RGE. 12. Dez. 01. Holdh. 02 S. 87, wo auch gesagt ist, daß § 126 BGB. nicht entgegensteht.

4. a) Gefälschte W. erhalten auch durch Genehmigung keine W.kraft. RGE. 13. Juni 04. JW. S. 497.

b) Die abredewidrige Ausfüllung eines Blankoakzepts macht den W. nicht formungültig. RGE. 5. Okt. 03. Holdh. 04 S. 163.

c) Bleistiftnotizen in einem W.formular, insbesondere bezüglich des Verfalltages, sind nur als provisorische anzusehen. RGE. 5. März 04. JW. S. 142. Bleistiftzusätze auf einem vollständig mit Tinte ausgeschriebenen W. sind im Zweifel nicht als Abänderungen des W., sondern als unverbindliche Notizen anzusehen. RGE. 10. Mai 05. JW. S. 404 (Bankarchiv Nr. 11).

5. Ein postdatierter Datow. wird erst mit dem Eintritt des Tages stempelpflichtig, von welchem er datiert ist. OTE. 27. Mai 65, OR. 6 155: es handelte sich um einen gezogenen, bereits akzeptierten und indossierten, vom 12. Sept. 64 datierten Datow. (von da ab in 3 Monaten zahlbar), welcher schon am 8. dess. M. vom Indossatar zur Abstempelung präsentiert, von dem Steuerbeamten jedoch nach protokollarischer Konstatierung des Sachverhältnisses zurückgegeben und demnächst am 10. dess. M. vernichtet wurde. In den Erk.-Gründen heißt es, daß die WO. im Art. 4 die Angabe des Datums zum wesentlichen Erfordernis eines W. mache, und daß ein postdatierter W. jedenfalls erst mit

dem Tage rechtliche Wirkung erlange, von welchem er datiert sei.

6. Ein W., in welchem vermöge eines Schreibfehlers in der Jahreszahl ein vor dem Datum der Ausstellung liegender Zeitpunkt als Zahlungstag angegeben worden, ist ungültig. Erk. des Reichs-Oberhandelsger. 11. Okt. 70. Gruchot, Beiträge usw. **15** 46: in dem W. war der 1. Dez. 69 als der Tag der Ausstellung und der 15. März dess. J. als Fälligkeitstermin angegeben.

7. Eine als W. bezeichnete Schrift, in deren Eingang Zahlung der W.summe „auf Sicht", an einer anderen Stelle aber Zahlung zur Verfallzeit „ohne vorhergegangene Präsentation" versprochen wird, begründet ebensowenig eine w mäßige Verbindlichkeit, RGE. 28. März 88 — Entsch. in Zivilf. **20** 182 —, weil die in dem W. enthaltenen, einander widersprechenden beiden Sätze zur Folge haben, daß der W. der erforderlichen Bestimmtheit der Zahlungszeit entbehrt — wie ein auf eigene Order ausgestellter trockener W. OTE. 9. Dez. 58, JMBl. 59 S. 58.

Auch liegt eine W.erklärung, d. h. eine schriftliche Erklärung, durch welche eine w.mäßige Verbindlichkeit übernommen wird, nicht vor, wenn auf die Rückseite eines das Verbot der Indossierung enthaltenen eigenen W. ein bloßer Namenszug, um damit Bürgschaft für den Aussteller zu übernehmen, gesetzt wird. RGE. 13. Okt. 90. Entsch. in Straff. **21** 97.

8. Ein ungültiger und der Steuer daher nicht unterworfener W. liegt vor, wenn der Bezogene und der Remittent dieselben Personen sind — ein Mangel an den in Art. 4 der WO. aufgestellten wesentlichen Erfordernissen — RGE. 28. Mai 87, Entsch. in Zivilf. **19** 93, oder wenn die Angabe des Remittenten, gleichfalls ein wesentliches Erfordernis eines W., fehlt, FME. 25. Jan. 94 III 423, ebenso dann, wenn der W. auf mehrere Personen ge-

zogen ist, RGE. 3. Febr. 99. Beil. zum DRA. S. 163, ferner wenn das Wort „Wechsel" nicht im Text, sondern bloß als Überschrift auf dem Papier steht. RGE. 5. Juni 01. Berliner Börsenzeitung Nr. 526. Die nicht als W. angesprochene Urkunde ist aber als ein kaufmännischer Verpflichtungsschein im Sinne des § 363 HGB. angesehen ohne Rücksicht darauf, daß eine Zahlstelle angegeben ist und daß die Ausstellung einer solchen Urkunde beabsichtigt war. (§ 140 BGB.)

9. Von der Forderung des Stempels zu unvollständig gebliebenen W. ist abzusehen. FMRE. 15. Febr. 76 III 1203. Vgl. aber jetzt § 2 d. G. — Vgl. Anm. 1 bei § 19 d. G.

10. Die Frage, ob ein im Auslande ausgestelltes Schriftstück ein gültiger W. sei, ist nach den Gesetzen des Auslandes zu beurteilen. Die inländischen Operationen mit einem ausländischen W. unterliegen der Beurteilung nach den inländischen Gesetzen. Art. 85 der WO. OTE. 17. Juli 58. StrA. **28** 361.

Nach amerikanischem Rechte ist zur Gültigkeit einer Promissorynote als W. die in diese Urkunde aufzunehmende Benennung derselben als W. nicht erforderlich. Eine in Massachusetts ausgestellte Promissorynote ist, sofern sie den daselbst vorgeschriebenen Erfordernissen entspricht, im Gebiete der WO als eigener W. zu behandeln. OTE. 10. Juli 60; StrA. **37** 399.

11. Ein ausländischer, auf einen Inländer gezogener W. wird durch die Akzeptation des letzteren nicht zum inländischen W.; seine Stempelpflichtigkeit kann nur durch den besonders zu führenden Nachweis begründet werden, daß das Akzept im Inlande hinzugefügt worden sei. OTE. 30. Jan. 61; OR. 1 231. — Vgl. Anm. 5 zu § 18 d. G., auch § 12 Abs. 2 d. G.

Es besteht keine gesetzliche Vermutung, daß der inländische Akzeptant eines ausländischen auf ihn gezogenen W. denselben in seinem in der Adresse angegebenen Wohnort akzeptiert und hier mit demselben ein Geschäft gemacht habe. OTE. 25. Okt. 66; OR. 7 574.

12. Unter „Inland“ ist nunmehr das ganze Geltungsgebiet des Gesetzes zu verstehen. Im Gegensatze hierzu sind alle Orte außerhalb des nunmehrigen Geltungsgebiets als „Ausland“ anzusehen. FME. 17. Jan. 71. ZBl. S. 323.

13. Gegenüber der bestimmten Fassung der Nr. 2 des § 1 WStG. würde es unzulässig sein, auch solchen W. die Befreiung von der Stempelabgabe zuzugestehen, welche nicht vom Aussteller direkt in das Ausland remittiert werden, welche vielmehr im Inlande erst durch die Hände eines Käufers, oder vielleicht noch mehrerer, gehen. FME. 9. Mai 77 III 5361.

14. Ein vom Inland auf das Ausland gezogener, im Ausland innerhalb 10 Tagen nach dato zahlbar gestellter und vom Aussteller direkt in das Ausland remittierter W. wird dadurch stempelpflichtig, daß er vom Ausland wiederum nach dem Inland giriert wird und hier in Umlauf kommt. Verhandlungen des Reichstages I. Legislaturperiode Session 1869 zu § 1 S. 709.

§ 2. Als Wechsel im Sinne dieses Gesetzes ist auch eine Schrift anzusehen, welche nicht die sämtlichen wesentlichen Erfordernisse eines Wechsels enthält, sofern sie einem anderen unter der Vereinbarung übergeben wird, daß dieser berechtigt sein soll, die fehlenden Erfordernisse zu ergänzen. Das Bestehen einer Vereinbarung der bezeichneten Art wird vermutet, wenn die Schrift die Bezeichnung als Wechsel enthält.

Ein großer Teil der langsichtigen W. erfüllt die dem W. ursprünglich innewohnende Bestimmung, dem Zahlungsausgleiche zu dienen, nicht. Als Kautions- und Avalwechsel werden diese W. im weiten Umfange zur Sicherheitsleistung verwendet und sie haben als solche häufig eine langjährige Laufzeit. Hauptsächlich dienen als solche Sicherheit die Sichtw., doch kommen dabei ebenso auch W. mit langfristiger fester Zahlungszeit in Betracht.

Insbesondere darf an die Verwendung der Sichtw. als Sicherstellung für die Ansprüche der Versicherungsgesellschaften gegen ihre Aktionäre erinnert werden, von denen in der Regel nicht höhere Einzahlungen auf die Aktien als 20% des Aktienkapitals gefordert werden.

Gerade bei den sog. Kautionsw. hat schon bisher vielfach die Gepflogenheit bestanden, daß der Geber des W. demjenigen, dem die Sicherheit zu leisten ist, zur Ersparung des W.stempels den W. in unvollständiger Form, dergestalt, daß irgendeines der gesetzlich wesentlichen Erfordernisse des W. fehlt und somit ein W. im Rechtssinn überhaupt nicht vorliegt, übergibt, mit der Ermächtigung, ihn, falls es zur Geltendmachung des W.anspruchs kommen sollte, seinerseits auszufüllen, und mit der weiteren Vereinbarung, das Schriftstück, falls sich die Sicherheit erledigt oder ein Prolongationswechsel gleicher Art hingegeben wird, in der mangelhaften Form zurückzugeben oder zu vernichten. Begr. S. 5, 6 (09 II).

§ 3. Die Stempelabgabe beträgt:

von einer Summe

von	200 Mark und weniger			0,10 Mark,
über	200 „	bis	400 Mark	0,20 „
„	400 „	„	600 „	0,30 „
„	600 „	„	800 „	0,40 „
„	800 „	„	1 000 „	0,50 „

und von jedem ferneren 1000 Mark der Summe

0,50 Mark mehr, dergestalt, daß jedes angefangene Tausend für voll gerechnet wird[1]).

Tritt die Verfallzeit eines auf einem bestimmten Zahlungstag oder auf Sicht gestellten Wechsels später als drei Monate nach dem Ausstellungstag ein, so ist auf die Zeit bis zum Verfalltage für die nächsten neun Monate und weiterhin für je fernere sechs Monate oder den angefangenen Teil dieses Zeitraums eine weitere Abgabe in der im Abs. 1 bezeichneten Höhe zu entrichten. Die weitere Abgabepflicht tritt bei Wechseln mit bestimmtem Zahlungstage nicht ein, wenn die dreimonatige Frist um nicht mehr als fünf Tage überschritten wird. Soweit nach ausländischem Rechte Respekttage stattfinden, werden sie der dreimonatigen Frist hinzugerechnet. Die vorstehend für Sichtwechsel getroffene Vorschrift findet auch auf Wechsel Anwendung, welche bestimmte Zeit nach Sicht zahlbar sind, mit der Maßgabe, daß der Zeitraum, für den die weitere Abgabe zu entrichten ist, bei trockenen derartigen Wechseln vom Ablaufe von drei Monaten nach dem Ausstellungstage, bei gezogenen derartigen Wechseln vom Ablaufe von drei Monaten nach der Annahme des Wechsels gerechnet wird. Ist der Tag der Annahme aus dem Wechsel nicht ersichtlich, so gilt in Ansehung der Stempelpflicht der fünfzehnte Tag nach dem Ausstellungstag als Tag der Annahme, sofern nicht nachgewiesen wird, daß die Annahme zu einem anderen Zeitpunkt erfolgt ist.

Fehlt in einer Schrift der im § 2 bezeichneten Art die Angabe der zu zahlenden Geldsumme, so ist die Stempelabgabe und die weitere Abgabe von einer Summe

[1]) Vgl. Anh. Anm. 1 Ziff. 6.

von zehntausend Mark zu entrichten; wird später eine andere als diese Summe eingesetzt, so hat die entsprechende Ausgleichung durch Nacherhebung oder Erstattung der Steuer zu erfolgen. Fehlt in der Schrift eine Bestimmung über die Zahlungszeit, so tritt die Verpflichtung zur Entrichtung der weiteren Abgabe mit dem Ablaufe von drei Monaten nach dem Ausstellungstag ein. Fehlt die Angabe des Ausstellungstags, so gilt der Tag der Übergabe als Ausstellungstag.

AusfB. § 1[1]).

1. Bei der Festsetzung der Verfallzeit des W. werden dem Zahlungsziele nicht selten noch mehrere Tage, die auf die Akzepteinholung gerechnet werden, hinzugefügt. Daher gelten im Verkehr als sogenannte Dreimonatsw. allgemein auch solche W., bei denen die dreimonatige Frist um einige Tage überschritten ist. Hierauf ist auch bei der Frage, für welche W. die weitere Stempelabgabe Platz greifen soll, Rücksicht zu nehmen. Fällt in den Anfang der Laufzeit eines W., bei dem das Zahlungsziel 90 Tage beträgt, der Monat Februar oder Teile des Monats Februar, so ergibt sich eine Laufzeit, die den Zeitraum von drei Monaten, gerechnet von Kalendertag zu Kalendertag, überschreitet. Auch wegen dieser Fälle erscheint jene Vorschrift geboten, und da auch hier für die Akzepteinholung unter Umständen noch einige Tage hinzugerechnet werden, ist die zulässige Überschreitung der für die Steuerberechnung in Betracht kommenden dreimonatigen Frist auf fünf Tage bemessen. Das englische Recht kennt noch die Einrichtung der sogenannten Respekttage, die zugunsten

1) Durch diese Einschiebungen in den Gesetzestext ist auf die in Abschn. II abgedruckten Ausführungsbestimmungen des Bundesrats verwiesen.

des Akzeptanten zu der im W. bezeichneten Zahlungszeit hinzugerechnet werden, so daß der W. erst an dem letzten Respekttage fällig und zahlbar ist. Zur Ausschließung von Zweifeln ist ausdrücklich ausgesprochen, daß die Respekttage der dreimonatigen Frist hinzugerechnet werden, diese Frist also auch für die Steuerberechnung nicht als überschritten gilt, wenn sich bei Einschluß der Respekttage eine längere als dreimonatige Frist ergibt. Für W., die bestimmte Zeit nach Sicht zahlbar sind, hat für die Berechnung der Frist grundsätzlich der Tag der Annahme, nicht der Tag der Ausstellung maßgebend zu sein. Derartige W. kommen vor allem im überseeischen Verkehre vor, und der Grund, warum sie nicht auf einen von vornherein bestimmten Zahlungstag gestellt werden, beruht darin, daß der Tag des Eintreffens des Seedampfers und die Zeit, wann der W. zum Akzept gehen kann, sich im voraus nicht sicher feststellen läßt. Auch im W.diskontverkehre wird daher die dreimonatige Frist vom Akzepte berechnet. Schwierigkeiten für die Feststellung der Frist ergeben sich nicht, da der Akzeptant sein Akzept zu datieren hat, und wenn er die Datierung verweigert, der Tag der Annahme aus dem nach Artikel 20 der WO. aufzunehmenden Proteste sich feststellen läßt. In Fällen, in denen die Protesterhebung unterblieben oder die Protesturkunde nicht zu erlangen ist, soll in Ansehung der Stempelpflicht die Rechtsvermutung helfen, daß der fünfzehnte Tag nach dem Ausstellungstage der Tag der Annahme ist. Begr. S. 6 (09 II).

2. Der Bundesrat hat in seiner Sitzung vom 11. Mai 10 — § 509 der Prot. (RZBl. S. 234) — zur Ausführung des WStG. v. 15. Juli 09 beschlossen:

1. Versicherungsaktiengesellschaften, bei denen zur Sicherstellung für den nicht eingezahlten Teil des Aktienkapitals W. hinterlegt sind, kann auf Antrag durch die Steuerdirektivbehörde nach deren näherer Bestimmung

widerruflich gestattet werden, daß sie die von diesen W. gemäß § 3 Abs. 2 zu zahlende weitere Abgabe in Stempelmarken statt zu den W. zu einer über den Wechselbestand aufzustellenden Nachweisung entrichten.

Ist die weitere Abgabe für sämtliche hinterlegte W. gleichzeitig auf denselben Kalenderzeitraum zu entrichten oder erklärt die Versicherungsaktiengesellschaft sich hierzu auch hinsichtlich der noch nicht fälligen weiteren Abgabe bereit, so kann außerdem zugelassen werden, daß die weitere Abgabe von Halbjahr zu Halbjahr innerhalb der ersten drei Tage des Zeitraums, für den sie zu zahlen ist, für die Gesamtheit der im Bestande befindlichen W. ohne Rücksicht auf die sich aus der Erneuerung einzelner W. ergebenden Änderungen lediglich unter Zugrundelegung der Anzahl und Stückelung der W. entrichtet wird.

Die obersten Landesfinanzbehörden werden ermächtigt, in Fällen ähnlicher Art die Entrichtung der weiteren Abgabe nach den vorliegenden Grundsätzen auch anderen Wechselinhabern zu gestatten.

2. In die Nachweisung ist eine Berechnung des jeweilig geschuldeten Gesamtstempelbetrags aufzunehmen. Die W.stempelmarken sind in dem erforderlichen Betrag im unmittelbaren Anschluß an die Berechnung aufzukleben und in der im § 6 der AusfBest. bezeichneten Weise zu entwerten. Die Nachweisung ist von der Gesellschaft aufzubewahren.

3. Vor Erteilung der in Nr. 1 bezeichneten Genehmigung hat sich die Gesellschaft, soweit sie nicht schon durch § 25 des WStG. hierzu gehalten ist, zu verpflichten, den Stempelprüfungsbeamten auf Verlangen die W., die verstempelten Nachweisungen und die sich auf die Hinterlegung der W. beziehenden Schriftstücke vor-

zulegen sowie jede für die Prüfung der Erfüllung der Stempelpflicht erforderliche Auskunft zu erteilen[1]).

4. Soll ein W., für den die weitere Abgabe nach den vorstehenden Bestimmungen entrichtet ist, von dem Inhaber aus den Händen gegeben werden, so ist er zuvor der Zoll- oder Steuerstelle des Bezirkes vorzulegen, damit diese auf dem W. bescheinigt, daß die Steuerpflicht erfüllt ist. Von dieser Bescheinigung kann abgesehen werden, wenn der W. dem Wechselaussteller als erledigt zurückgegeben wird, ZBl. S. 260.

3. Da man versucht hat, die im § 3 Abs. 2 des WStG. vorgeschriebene Entrichtung einer weiteren Abgabe dadurch zu umgehen, daß bei langfristigen W. als Ausstellungstag ein der wirklichen Ausstellung zeitlich nachfolgender Tag, der von dem Fälligkeitstage nicht länger als drei Monate entfernt ist, eingesetzt wird, oder daß die Akzepte nicht mit einem Ausstellungstage versehen werden, in der Absicht die W. frühestens drei Monate vor Verfall zu datieren und in Umlauf zu setzen, ist darauf hingewiesen, daß für die Anwendung des § 3 Abs. 2 nur der tatsächliche Zeitpunkt der Ausstellung des W. entscheidend sein kann. Im gegebenen Fall kam

---

[1]) Die mit der Vornahme der regelmäßigen Reichsstempelprüfungen beauftragten Beamten haben sich auch den nach Ziff. 3 des BR.beschlusses vom 11. Mai 1910 — § 509 der Prot. — erforderlichen Prüfungen der Entrichtung des WSt. zu unterziehen.

Auf diese Prüfungen sind die Bestimmungen wegen der in gewissen Zwischenräumen sich wiederholenden Reichsstempelprüfungen entsprechend anzuwenden. Über die Prüfungen haben die Stempelprüfungsbeamten sich daher gleichfalls im Jahresbericht zu äußern. FM. 13. Juni 10. III 11565.

auf Grund des § 18 des WStG. der Umgehung des Gesetzes entgegengetreten werden. FM. 21. März 10 III 5717.

4. Eine mündliche Prolongation des zur Sicherheit hinterlegten W. berührt in der Regel den Verfalltag des W. nicht und hat insofern auch keinen Einfluß auf die St.pflicht. Indessen gilt dies doch nur von der Prolongation im eigentlichen Sinne, d. h. soweit es sich um einen Stundungsvertrag zwischen dem derzeitigen W.gläubiger und einem bestimmten W.schuldner handelt. Daß hier der Verfalltag nicht geändert wird, zeigt sich namentlich darin, daß für die Protesterhebung der ursprüngliche Verfalltag maßgebend bleibt.

Es ist aber nicht ausgeschlossen, daß mit der auf dem W. vermerkten anderweiten Festsetzung des Zahlungstags beabsichtigt war, den ursprünglichen Verfalltag zu beseitigen und einen neuen zu bestimmen. Eine solche Änderung schafft neue Rechte und Pflichten zwischen denjenigen W.beteiligten, welche die Änderung vorgenommen oder genehmigt haben (zu vgl. Urt. des RG. vom 2. November 93, Entsch. Bd. 32 S. 38). Alsdann ist die St.pflicht der geänderten W.urkunde nach ihrem neuen Inhalte zu beurteilen.

Ob eine solche Veränderung des Verfalltags vorliegt, wird sich nur im einzelnen Falle entscheiden lassen. In dem Anfragefalle war es anzunehmen. An dem W. waren nur Aussteller und Remittent beteiligt, und es handelte sich um Sicherstellung von außerhalb der W.verbindlichkeit liegenden Zahlungspflichten, nicht um eine mit dem Verfalltage zu bewirkende Zahlung aus dem W. selbst. Da letzteres nicht der Fall war, konnte es sich auch bei der anderweiten Festsetzung des Zahlungstages nicht um eine Stundung, sondern tatsächlich nur um eine Veränderung des Verfalltags handeln. Hiernach war für die weitere Laufzeit des W., soweit sie die ersten drei Monate nach dem Ausstellungstage überschritt, die weitere St.abgabe zu entrichten. RSchA. 19. Okt. 09 II 12095 — FM. 30. Okt. 09 III 18294. — Vgl. Anm. 2 bei § 31.

5. Es ist in Frage gekommen, ob ein am 30. April ausgestellter, am 5. August fälliger W. der weiteren Abgabe unterliegt. Geht man davon aus, daß die Frist nach dem Ausstellungstage, also nach dem 30. April beginnt, drei volle Monate umfaßt und demzufolge mit dem Schluß des Monats Juli endigt, so würde sie am 5. August um nicht mehr als fünf Tage überschritten sein.

Diese Berechnungsweise kann indes nicht als die den gesetzlichen Vorschriften entsprechende angesehen werden.

Der erste Satz in Abs. 2 des § 3 knüpft die Verpflichtung zur Entrichtung der weiteren Abgabe an die Voraussetzung, daß die Verfallzeit des auf einen bestimmten Zahlungstag oder auf Sicht gestellten W. später als drei Monate nach dem Ausstellungstag eintritt. Darüber, wie die Frist von drei Monaten zu berechnen ist, deren Überschreitung den W. der weiteren Abgabe nach Satz 1 unterwirft, enthält das WStG. keinerlei Bestimmung. Wenn das Gesetz in der angezogenen Vorschrift von „drei Monaten nach dem Ausstellungstage" spricht, so hat damit wohl kaum eine Bestimmung über die Fristberechnung gegeben, sondern lediglich zum Ausdruck gebracht werden sollen, daß das für die St.pflicht maßgebende Ereignis (Eintritt der Verfallzeit) in die Zeit nach Ablauf der Dreimonatsfrist fallen muß. Die Ausdrucksweise: die Verfallzeit tritt später als drei Monate nach dem Ausstellungstag ein, ist also als gleichbedeutend anzusehen mit der Wendung: die Verfallzeit tritt nach Ablauf von drei Monaten nach oder seit dem Ausstellungstag ein. Entsprechend heißt es im Satz 4 des zweiten Abs. für W., welche bestimmte Zeit nach Sicht zahlbar sind: Der Zeitraum, für den die weitere Abgabe zu entrichten sei, werde bei trockenen derartigen W. vom Ablauf von drei Monaten nach dem Ausstellungstage, bei gezogenen derartigen W. vom Ablauf von drei Monaten nach der Annahme des W. gerechnet. Ebenso ist im Abs. 3 des § 3 bestimmt, daß die Verpflichtung zur Entrichtung der weiteren Abgabe mit dem Ablauf von drei Monaten nach dem Ausstellungstag eintrete, wenn in einer Schrift der in § 2 bezeichneten Art eine Bestimmung über die Zahlungszeit fehle. Enthält hiernach das WStG. keine besondere Vorschrift über die Art, wie die Dreimonatsfrist zu berechnen ist, so werden hierfür die aus Art. 32 Nr. 2 der WO., § 188 Abs. 2 in Verbindung mit § 187 Abs. 1 BGB. ersichtlichen allgemeinen Vorschriften als maßgebend anzusehen sein. Nach diesen Vorschriften läuft die Frist von drei Monaten nach oder seit dem Ausstellungstag an demjenigen Tage des dritten Monats ab, der durch seine Zahl dem Ausstellungstag entspricht; bei dem am 30. April ausgestellten, am 5. August fälligen W. würde also die Frist von drei Monaten nach dem Ausstellungstage bereits am 30. Juli enden.

Da nun bei W. mit bestimmten Zahlungstage die Pflicht zur Entrichtung der weiteren Abgabe nach § 3 Abs. 2 Satz 2 dann nicht eintritt, wenn die vorerörterte dreimonatige Frist um nicht mehr als fünf Tage überschritten wird, so wäre der am 30. April ausgestellte, am 5. August fällige W. der weiteren Abgabe unterworfen; denn die schon am 30. Juli ablaufende Frist von drei Monaten nach dem Ausstellungstag ist am 5. August um 6 Tage überschritten.

Die vorbezeichnete Auslegung des WStG. scheint auch durch die Begründung (Verhandlungen des Reichstags 12. Legislaturperiode 1. Session Bd. 256 Nr. 1457 S. 6) unterstützt zu werden, woselbst es heißt:

„Bei der Festsetzung der Verfallzeit des W. werden dem Zahlungsziele nicht selten noch mehrere Tage, die auf die Akzepteinholung gerechnet werden, hinzugefügt. Daher gelten im Verkehr als sogenannte Dreimonatswechsel allgemein auch solche W., bei denen die dreimonatige Frist um einige Tage überschritten ist. Hierauf ist auch bei der Frage, für welche W. die weitere St.abgabe Platz greifen soll, Rücksicht zu nehmen."

Daraus läßt sich entnehmen, daß die im Verkehr allgemein übliche und in Art. 32 Nr. 2 der WO. und im § 188 Abs. 2

BGB. zur gesetzlichen Anerkennung gelangte Art der Berechnung der dreimonatigen Frist auch dem WStG. zugrunde liegt. FM. 25. Juni 10 III 12310. Auch Bl. f. d. d. FW. 1910 S. 312.

§ 4. Die zum Zwecke der Berechnung der Abgabe vorzunehmende Umrechnung der in einer anderen als der Reichswährung ausgedrückten Summen erfolgt, soweit der Bundesrat nicht für gewisse Währungen allgemein zugrunde zu legende Mittelwerte festsetzt und bekannt macht, nach Maßgabe des laufenden Kurses.

AusfB. § 2.

§ 5. Für die Entrichtung der Abgabe sind der Reichskasse sämtliche Personen, welche an dem Umlaufe des Wechsels im Inlande teilgenommen haben, als Gesamtschuldner verhaftet. Die Haftung für die weitere Abgabe (§ 3 Abs. 2) ist auf die Personen beschränkt, welche nach Eintritt der weiteren Abgabepflicht am Umlaufe des Wechsels teilgenommen haben.

1. Vgl. §§ 421 ff. BGB.

2. Bei auf Sicht gestellten Sicherheitsw. steht der Regel nach von vornherein noch nicht fest, wie lange der W. laufen wird. Auch ist derjenige, der den W. zur Sicherheit gegeben hat, nicht in der Lage, die weitere Abgabe zu entrichten, da der W. sich nicht in seinen Händen befindet. Es scheint auch im übrigen gerechtfertigt, daß zur Entrichtung der weiteren Abgabe der Steuerbehörde gegenüber derjenige in Anspruch genommen wird, der nach Ablauf des dreimonatigen Zeitraumes den W. in Händen hat und aus ihm Rechte geltend zu machen imstande ist. Anderseits liegt auch bei einem später als drei Monate

fälligen, im Auslande zahlbaren W. ein Grund zur Erhebung der weiteren Abgabe nicht vor, wenn der W. bereits innerhalb der ersten Monate ins Ausland geht. Es soll deshalb die weitere Abgabe erst mit dem Eintritte des Zeitraumes, auf den sie zu entrichten ist, begründet werden. Demgemäß wird man aber auch die Haftung für die weitere Abgabe der Reichskasse gegenüber auf diejenigen zu beschränken haben, welche nach Eintritt der weiteren Abgabepflicht am Umlaufe des W. teilgenommen haben. Damit ist selbstverständlich der Frage, wer im Verhältnisse der Beteiligten zueinander zur Übernahme des Stempels verpflichtet ist, nicht vorgegriffen. Begr. S. 6 (09 II).

§ 6. Als Teilnehmer an dem Umlauf eines Wechsels wird hinsichtlich der Steuerpflichtigkeit angesehen: der Aussteller, jeder Unterzeichner oder Mitunterzeichner eines Akzepts, eines Indossaments oder einer anderen Wechselerklärung, und jeder, der für eigene oder fremde Rechnung den Wechsel erwirbt, veräußert, verpfändet oder als Sicherheit annimmt, zur Zahlung präsentiert, Zahlung darauf empfängt oder leistet, oder mangels Zahlung Protest erheben läßt, ohne Unterschied, ob der Name oder die Firma auf den Wechsel gesetzt wird oder nicht.

1. Sobald der Akzeptant dem Aussteller den gezogenen W. zurückgegeben hat, befindet sich derselbe im „Umlaufe" im Sinne des WStG. §§ 4, 5, auch wenn der W. noch mit keinem Indossament versehen war, und der Aussteller verwirkt die Stempelstrafe, wenn er den W. einklagt und zu diesem Ende ungestempelt dem Gericht einreicht. OTE. 17. Jan. 65; OR. **13** 50.

2. Wer als W.bürge am Umlauf des W. vor der Stempelung teilnimmt, haftet für den W.stempel und verfällt in die Stempelstrafe. OTE. 1. Dez. 65; JMBl. **66** 20.

3. Die im Wege der Exekution erfolgte Beitreibung der W.valuta begründet für den Zahlenden keine Teilnahme am Umlaufe des W., weil jene Beitreibung nicht als Zahlung auf den W. im Sinne des § 5 des WStG. aufgefaßt werden könne. OTE. 6. Dez. 76; OR. 17 794.

4. Auch derjenige, welcher für fremde Rechnung „am Umlaufe eines W. teilnimmt", verwirkt die Strafe der Stempelhinterziehung, wenn er eine bezügliche Handlung vornimmt, ehe der W. versteuert worden. OTE. 15. Jan. 73; JMBl. S. 64: der Kämmerer J. hatte als Rendant einer Sparkasse Darlehne gegen W. gegeben, später die letzteren zur Zahlung präsentiert und die Rückzahlung in Empfang genommen, ohne daß die W. versteuert waren; strafbar war er nach § 6 WStG., weil er, gleichviel ob für eigene oder fremde Rechnung, unversteuerte W. zur Zahlung vorgezeigt, auch weil er Zahlung darauf empfangen hat. — Vgl. Anm. 6 zu § 19 d. G.

5. Bei der Verfolgung der Extrahenten eines Protestes ist der Nachweis, daß derselbe eine rechtliche Beziehung zu dem W. gehabt habe, nicht erforderlich. OTE. 7. Nov. 73 GA. 21 579; in den Erk.-Gründen heißt es u. a.: In den tatsächlichen Feststellungen der Instanzrichter ist der Angeklagte als „Inhaber" des W. bezeichnet, und diese Feststellung in Verbindung mit der weiteren Feststellung, daß Angeklagter die Protesterhebung nicht lediglich als Bote des D. extrahiert habe, genügt zur Anwendung des Strafgesetzes. Nach § 5 des WStG. sind für die Entrichtung der Abgabe sämtliche Personen, welche an dem Umlaufe des W. teilgenommen haben, solidarisch verhaftet, und nach § 6 wird als Teilnehmer an dem Umlaufe eines W. hinsichtlich der Stempelpflichtigkeit u. a. jeder angesehen, der für eigene oder fremde Rechnung mangels Zahlung Protest erheben läßt, ohne Unterschied, ob der Name der Firma auf den W. gesetzt wird oder nicht. Hierdurch wird

die Behauptung der Nichtigkeitsbeschwerde, daß, gegenüber dem Strafgesetze, irgendeine rechtliche Beziehung der betreffenden Person zu dem W. vorausgesetzt sei, widerlegt. Es genügt vielmehr vollkommen eine rechtliche Beziehung zu der Person des W.eigentümers oder sonstigen W.berechtigten. Indem die Instanzrichter eine solche Beziehung als unzweifelhaft annehmen und die Tatsache, daß der Angeklagte den Protest für eigene oder fremde Rechnung habe erheben lassen, bejahen, ohne sich gerade bestimmt für eine oder die andere der beiden Alternativen zu entscheiden, haben sie die Strafanwendung ausreichend begründet. — Vgl. Anm. 1 bei § 8 d. G.

6. Der Rechtsanwalt, der auf Grund einer einfachen Protestvollmacht Auftrag gibt, den W. dem Schuldner zur Zahlung vorzulegen und Protest zu erheben, ist nicht als „Teilnehmer" am Umlaufe des W. oder als „Inhaber" desselben im Sinne der §§ 5, 11 des WStG. anzusehen und unterliegt daher nicht den Strafbestimmungen §§ 5–13 dieses Ges. RGE. 16. April 85. Entsch. in Strafs. **12** 145.

In den Entscheidungsgründen wird ausgeführt: Als Inhaber des W. im Sinne des WStG. erscheine nicht jede Person, welche den W. in ihrem Besitz hat, sondern nur derjenige, der nach § 6 des Ges. als Teilnehmer an dem Umlaufe eines W. anzusehen ist. Der Umstand, daß jemand einen W. für eigene oder fremde Rechnung zur Zahlung präsentiert oder mangels Zahlung Protest erheben läßt, könne nach § 6 aaO. allerdings genügen, um diese Person als Teilnehmer am Umlaufe des W. erscheinen zu lassen; allein dies sei nur dann der Fall, wenn diese Person, obgleich für fremde Rechnung, doch in eigenem Namen auftritt, bzw. die in § 6 vorgesehenen w.rechtlichen Handlungen vornimmt usw. Die Eigenschaft als Inhaber des W. im Sinne der §§ 7, 12 des Ges. komme ihm nur dann zu, wenn er in eigenem Namen eine der im § 6 vorgesehenen w.rechtlichen

Handlungen vornimmt, insbesondere, wenn er nicht durch einfache Vollmacht, sondern durch ein diese enthaltendes Inkassoindossament in den Besitz des W. gelangt ist und in seiner Eigenschaft als Indossatar den W. zur Zahlung vorgelegt usw.

7. Wegen der an einem W. etwa begangenen Steuerkontravention kann ein Strafverfahren gegen die den W.protest von Amts wegen veranlassenden Postbeamten nicht eingeleitet werden. Zirk.-E. des FM. 27. Juli 75 III 10266.

8. Alle W., vermittelst deren fremde Post- und Telegraphenverwaltungen die diesseitigen Guthaben aus den Generalabrechnungen berichtigen, müssen, soweit dieselben nach den Bestimmungen des Stempelgesetzes stempelpflichtig sind, mithin auch solche, bei denen nur der Fiskus an dem Umlaufe beteiligt ist, mit dem gesetzlichen W.stempelbetrage durch Verwendung der entsprechenden Stempelmarken versteuert werden. Soweit die solchergestalt entrichteten W.stempelbeträge von den Interessenten nicht eingezogen werden können, sind sie bei den Fonds der Telegraphenverwaltung zu verausgaben. Verf. des Präs. des Staatsministeriums v. 5. Dez. 67 an die Telegraphendirektion in Berlin, mitgeteilt durch FME. vom 22. dess. M. ZBl. 68 89.

§ 7. Die Entrichtung der Stempelabgabe (§ 3 Abs. 1) muß erfolgen, ehe ein inländischer Wechsel von dem Aussteller, ein ausländischer Wechsel von dem ersten inländischen Inhaber (§ 6) aus den Händen gegeben wird[1]).

Die Entrichtung der weiteren Abgabe (§ 3 Abs. 2) muß innerhalb der ersten drei Tage des Zeitraums er-

[1]) Vgl. Anh. Anm. 1 Ziff. 6.

folgen, für den sie zu zahlen ist, und wenn sich der Wechsel zu dieser Zeit im Auslande befunden hat, innerhalb der ersten drei Tage nach der Einbringung des Wechsels ins Inland. Die Entrichtung liegt dem Inhaber des Wechsels ob.

Ist der Wechsel von dem nach Abs. 1 Steuerpflichtigen bis zu dem im Abs. 2 bezeichneten Zeitpunkte nicht aus den Händen gegeben, so ist die Stempelabgabe gleichzeitig mit der weiteren Abgabe zu entrichten.

Es ist zulässig, die weitere Abgabe für einen längeren als den neunmonatigen oder sechsmonatigen Zeitraum sowie die gesamte auf die Zeit bis zum Verfalltag entfallende Stempelabgabe im voraus zu entrichten.

AusfB. § 10.

1. Es ist nicht notwendig, daß die Verwendung der Stempelmarke zu dem zu versteuernden W. durch die Hand des steuerpflichtigen W.inhabers selbst vollzogen werden müßte. Wird zwecks Vornahme der zur Markenverwendung erforderlichen Manipulationen ein W. vom Aussteller einem anderen zeitweilig anvertraut, so ist das kein „Aus-den-Händen-Geben" i. S. des § 7. Mit letzterem Ausdruck hat das Gesetz nur ein solches Aushändigen treffen wollen, welches dazu dient, den Wechsel „in Umlauf zu bringen" oder sonst „Geschäfte damit zu machen", überhaupt also einen wechselrechtlich oder außerwechselrechtlich (§ 6 d. G.) bedeutsamen Akt vorzunehmen. Ein Aushändigen in diesem Sinne liegt aber in einem Hingeben des W. an einen anderen, welches nach der beiderseitigen Willensmeinung ausschließlich zu dem Zweck erfolgt, damit der andere an Stelle des hingebenden die Verwendung der Stempelmarke ausführe und sodann den gestempelten W. zurückgebe, offensichtlich nicht vor. Daran würde unter der angegebenen Voraussetzung auch nichts geändert erscheinen, wenn der andere identisch wäre mit

dem künftigen Remittenten des W. Vorliegend war der andere ein Kassenbeamter des Vereins, dem der W. gegen Empfang eines Darlehns zur Sicherheit übergeben werden sollte. RGE. 7. Okt. 98. Entsch. in Straff. 31 274.

2. Der Inhaber eines W., zu welchem nicht in vorschriftsmäßiger Weise die erforderlichen Stempelmarken verwendet sind, verwirkt die Stempelstrafe, wenn er denselben in dem gedachten Zustande bei Gericht einreicht. OTE. 18. Juni 73. OR. 14444. — Vgl. Anm. 2 zu § 12 d. G.

3. Nach der tatsächlichen Feststellung des Berufungsrichters hat der Angeklagte als Prokurist der Firma N. N. ein mit dem Datum des 9. Okt. 91, der W.summe von 4343 M. und dem Tage der Fälligkeit dem 10. Jan. 02 versehenes W.blankett, nachdem der Zimmermeister X. sein Akzept darauf gesetzt hatte, nach Ergänzung des Vordrucks „an die Order" durch die Worte „von mir selbst" als Aussteller mit der Unterschrift „pp. N. N." versehen und diesen W. einige Tage vor der Fälligkeit dem Akzeptanten gegen Akzeptation eines neuen Prolongationswechsels zurückgegeben. Auch X. hat den W. nicht mit der vorgeschriebenen Stempelmarke versehen.

Mit Recht ist der Angeklagte auf Grund dieser tatsächlichen Feststellung wegen W.stempelhinterziehung zu der in § 18 des WStG. angedrohten Strafe verurteilt. Als Aussteller des W. war der Angeklagte nach §§ 5 und 6 aaO. und insbesondere nach § 7 zur Entrichtung der Stempelabgabe verpflichtet, ehe er den W. aus den Händen gab. Zwar war nach §§ 8 und 12 zunächst der Akzeptant X. zur Besteuerung verpflichtet. Da dieser aber der Verpflichtung nicht nachkam, so ging nach § 12 aaO. die Verpflichtung auf den Angeklagten als Aussteller über. Der Umstand, daß der W., als ihn X. aus den Händen gab, noch kein vollständiger war, indem ihm die Unterschrift des Ausstellers fehlte, befreite X. nach § 19 d. G. nicht von der

Stempelpflicht, denn für diese Pflicht ist der schließlich vollständige W. maßgebend. Auch ist dem Berufungsrichter darin beizutreten, daß der Angeklagte durch die Rückgabe des W. an den Akzeptanten gegen einen neuen von X. akzeptierten Prolongationsw. denselben im Sinne des W.-stempelgesetzes „aus den Händen gegeben" hat. Die Rückgabe war die Folge eines neuen Rechtsgeschäfts, nach dem gegen die Aushändigung des früheren W. ein Prolongationsw. als Grundlage des jetzigen Schuldverhältnisses akzeptiert wurde, und damit war der Umlauf des alten W. beendet und der äußerste Zeitpunkt für die Versteuerung durch den Angeklagten gegeben (vgl. RGE. v. 20. Sept. 86, OR. 8 545). Erk. des Kammerger. v. 23. März 96. — Vgl. Anm. 6 zu § 19 d. G.

4. Vom Standpunkte der Steuerverwaltung kann die Art und Weise, in welcher die Gesellschaft die Versteuerung der Sicherheitsw. ihrer Aktionäre nach der Versicherung der Direktion bewirkt, für zulässig erachtet werden. Es läßt sich anerkennen, daß dem Remittenten (hier der Gesellschaft) das Recht zusteht, den gesetzlichen Stempel schon zu den vom Aussteller noch nicht unterschriebenen Formularen zu entrichten und zu diesem Behufe die von ihm — dem Remittenten — aufgeklebten Marken mit seinem eigenen Namen, oder unter seiner eigenen Firma, im voraus vorschriftsmäßig zu kassieren. Dagegen ist aber nicht außer acht zu lassen, daß aus der Gleichheit der Daten des Kassationsvermerks in den Marken einerseits und der Ausstellung, beziehungsweise der Unterschrift des W.ausstellers anderseits, für den letzteren insofern leicht Weiterungen entstehen können, als nicht mehr erhellt, ob die vom Remittenten mit seinem Namen usw. versehene und kassierte Marke sich bereits vor der Unterschrift des Ausstellers auf dem Formular des W. befunden hat, oder ob der Remittent die Kassation der Marken erst nach der Unterschrift des Ausstellers und weil der letztere seiner eigenen gesetzlichen Verpflichtung nicht nachgekommen war, bewirkt hatte. Die Gerichte werden vielfach die Überzeugung nicht gewinnen, daß die auf den W. befindlichen Marken vor der Unterschrift des Ausstellers aufgeklebt worden, wenn der Kassationsvermerk — was bezüglich der hier am Orte ausgestellten W. die Regel bildet — dasselbe Datum trägt wie der W. selbst. Es bleibt der Erwägung der Direktion überlassen, ob es angängig sein mag, den Hergang der Versteuerung in allen Fällen durch die Daten resp. der Kassation der Marken und der Ausstellung der W. auch äußerlich erkennbar zu machen. FME. 29. April 75 III 5846.

5. Unter Umständen ist die ursprüngliche Stempelabgabe zu der Zeit noch nicht fällig, zu der die weitere Stempelpflicht eingetreten ist. Das ist der Fall, wenn ein im Ausland ausgestellter W. von dem ersten inländischen Inhaber zu einer Zeit, in der der W. bereits länger als drei Monate läuft, noch nicht aus den Händen gegeben ist. Es erscheint in diesem Falle notwendig und gerechtfertigt, daß die Stempelabgabe zugleich mit der weiteren Abgabe entrichtet wird. Dies muß alsdann allerdings auch im Falle des § 7 Abs. 1 des Gesetzes gelten, d. h. die Vergünstigung, den W. zur Einholung des Akzepts unversteuert zu versenden, fällt weg, wenn der W. zur Zeit der Akzepteinholung bereits länger als drei Monate läuft. Doch werden derartige an sich seltene Fälle eine besondere Berücksichtigung nicht verdienen. Begr. S. 7 (09 II).

§ 8. Dem Aussteller eines inländischen Wechsels und dem ersten inländischen Inhaber eines ausländischen Wechsels ist vorbehaltlich der Vorschriften des § 7 Abs. 2, 3 gestattet, den mit einem inländischen Indossamente noch nicht versehenen Wechsel vor Entrichtung der Stempelabgabe lediglich zum Zwecke der Annahme zu versenden und zur Annahme zu präsentieren[1]). Der

[1]) Vgl. Anh. Anm. 1 Ziff. 7 litt. a.

Akzeptant eines unversteuerten Wechsels ist verpflichtet, vor der Rückgabe oder jeder anderweiten Aushändigung des Wechsels die Versteuerung desselben zu bewirken[1]).

Wird jedoch ein nicht zum Umlauf im Inlande bestimmtes Exemplar eines in mehreren Exemplaren ausgefertigten Wechsels zur Einholung des Akzepts benutzt, so bleibt der Akzeptant von der Verpflichtung zur Versteuerung befreit, wenn die Rückseite des akzeptierten Exemplars vor der Rückgabe dergestalt durchkreuzt wird, daß dadurch die weitere Benutzung desselben zum Indossieren ausgeschlossen wird.

1. In der Übergabe eines W. an den Gerichtsvollzieher behufs Präsentation und Protesterhebung mangels Annahme des W. ist nicht ein „Aus-den-Händen-Geben des W." im Sinne des § 8 des WStG. zu finden.

Die Protesterhebung ist kein „Aus-den-Händen-Geben" des W. im Sinne einer der Präsentation zur Annahme selbständig gegenüberstehenden materiellen Verfügung über den W. Im § 18 der WO., wo der W.inhaber für berechtigt erklärt wird, den W. dem Bezogenen sofort zur Annahme zu präsentieren und in Ermangelung der Annahme Protest erheben zu lassen, erscheint die Protesterhebung lediglich als ein Teil des Präsentationsaktes, wie denn der Protest selbst nur einen nach den Vorschriften des § 88 der WO. hergestellten formellen Beweis über die erfolglose Präsentation zur Annahme darstellt. Wenn daher der angeführte § 8 in Ausnahme von der Regel des § 7, wonach die Entrichtung der Stempelabgabe erfolgen muß, ehe der W. aus den Händen gegeben wird, dem Aussteller gestattet, den W. vor Entrichtung der Stempelabgabe lediglich zum Zwecke der Annahme zu versenden und

[1]) Vgl. Anh. Anm. 1 Ziff. 7 litt. b.

zur Annahme zu präsentieren, so ist damit von selbst auch gestattet, bei Versendung eines W. zum Zwecke der Annahme mit dem Auftrage, ihn zur Annahme zur präsentieren, den weiteren Auftrag zu verbinden, im Falle der Nichtannahme den Beweis der erfolglos vorgenommenen Präsentation zur Annahme durch Aufnahme einer Protesturkunde herzustellen. RGE. 9. Dez. 86. — Vgl. Anm. 5 und 6 bei § 6 d. G.

2. Derjenige, welcher einen von ihm akzeptierten W. aus den Händen gibt, bevor die Stempelverwendung in vorgeschriebener Weise stattgefunden, verwirkt die Strafe. OTE. 11. Dez. 72. OR. 13 650.

3. Der Akzeptant verwirkt auch dann die W.stempelstrafe, wenn er bei Übersendung des W. an den Aussteller die Stempelmarke zur Verwendung beifügt. OLG. Dresden v. 26. Juli 06. GA. 54 320.

4. Wer ein bis auf die Unterschrift des Ausstellers ausgestelltes W.blankett mit seinem Annahmevermerk versieht und ungestempelt aus der Hand gibt, verwirkt auch dann die Strafe, wenn der Aussteller den Stempel bei Betätigung seiner Unterschrift als Aussteller verwendet. Der Bevollmächtigte ist als Zeichner des Blankoakzepts strafrechtlich verantwortlich. RGE. 31. Jan. 03. Entsch. 37 374 Spruchs. der DJZ. 06 186.

5. Die vom Aussteller und Indossanten bewirkte Bestempelung eines ohne Stempel vom Akzeptanten zurückgegebenen W. auf den Namen des letzteren ist wirkungslos. OTE. 28. Febr. 79. OR. 20 117.

6. Zwischen Akzeptanten und Trassanten war vereinbart, daß der vom Trassanten noch nicht unterschriebene W. vom Trassanten erst nach dem Versprechen des Vorschußvereins, ihn zu diskontieren, versteuert und dann unterschrieben werden sollte. Es hat demgemäß Trassant, nachdem ihm der Vorschußverein Zahlung versprochen, die Stempelmarke auf den W. kleben lassen und dann den W.

als Aussteller unterschrieben und an den Vorschußverein begeben.

Hiermit war gegen die Vorschrift des § 8 Abs. 1 Satz 2 WStG. gehandelt, denn die hier ausgesprochene Verpflichtung trifft im Hinblick auf § 19 den Akzeptanten eines unvollständigen W. ebenso wie den eines vollständigen. Der Akzeptant war hiernach verpflichtet, die Versteuerung des Akzepts zu bewirken, bevor er dasselbe an den Trassanten aushändigte. RGE. 9. Juni 03.

7. A. hat als „Generalbevollmächtigter" seiner Ehefrau, der Inhaberin der Firma B., in deren Kontor ein W.formular über 800 M. ausfüllen und dabei die genannte Firma als Gezogene bezeichnen lassen. Darauf hat er das Formular mit dem Akzeptvermerk versehen. Zwei Tage später hat sich ein Gläubiger der Firma, dessen Forderung durch den W. beglichen werden sollte, das Papier geholt; er setzte seine Unterschrift als Aussteller darunter und klebte noch an demselben Tage, „wie ihn der Angeklagte schon früher ersucht hatte, die Stempelmarke auf den W." Das RG. hat ausgeführt, daß der Angeklagte gegen § 18 Abs. 2 WStG. verstoßen hat, weil er ein nicht ausgefülltes W.formular mit seinem Annahmevermerk versehen und danach ungestempelt aus den Händen gegeben hat, obwohl der Aussteller den Stempel bei der Vollziehung seiner Unterschrift verwendet hat. Nach § 19 WStG. kann sich der Angeklagte auf die Mangelhaftigkeit des W. zur Zeit der Annahmeerklärung bzw. der Aushändigung nicht berufen. Der § 8 Abs. 1 Satz 2 WStG. greift auch im vorliegenden Falle Platz. Der Begriff der Aushändigung ist damit erfüllt, daß die Abholung des W. jedenfalls dem Willen des Angeklagten entsprechend erfolgt ist, gleichviel ob er das Blankett dem Gläubiger der Firma persönlich übergeben hat oder nicht. RG. 31. Jan. 05, Entsch. in Strafs. **37** 374.

8. Der Bundesrat hat durch Beschluß vom 13. Okt. 75 — § 333 der Prot. — ausgesprochen, daß § 8 Abs. 2 des

WStG. für ausländische W. nur gelte, wenn sie von einem ersten inländischen Inhaber zur Annahme versendet oder vorgelegt werden. Der Beschluß hat beim Handelsstand Anfechtungen erfahren nnd eine neuerliche Prüfung hat ergeben, daß er sich nicht aufrechterhalten läßt.

Abgesehen von der Möglichkeit einer Doppelbesteuerung läßt sich der Beschluß mit den Vorschriften der §§ 9 und 10 d. G. nicht wohl vereinbaren. Denn wenn derselbe W. in mehreren, im Kontext als Prima, Sekunda, Tertia usw. bezeichneten Exemplaren ausgefertigt wird, so ist nach § 9 unter diesen Exemplaren dasjenige zu versteuern, welches zum Umlauf bestimmt ist. Aus § 8 Abs. 2 ergibt sich aber, daß im Sinne d. G. die Durchkreuzung der Rückseite des akzeptierten Exemplars zum genügenden Ausdruck bringt, daß dieses Exemplar nicht zum Umlauf bestimmt ist. Weiter ist nach § 10 nur noch jedes Exemplar stempelpflichtig, auf welches eine W.erklärung mit Ausnahme des Akzepts und der Notadressen gesetzt ist. Die in dem Worte „jedoch" liegende Bezugnahme des § 8 Abs. 2 kann sich sonach nur auf den zweiten Satz des vorhergehenden Abs. 1 richten, der ganz allgemein von der Verpflichtung des Akzeptanten irgendeines unversteuerten W. spricht.

Der Bundesrat hat deshalb in der Sitzung vom 23. Mai 12, § 518 der Prot. beschlossen, den Beschluß des Bundesrats vom 13. Okt. 75, § 333 der Prot., betr. Stempelabgabe für vom Ausland auf das Inland gezogenen W., aufzuheben.

Wie von der N.N. Bank zu M. mitgeteilt war, werden häufig vom Auslande W. auf sie gezogen, die eine Laufzeit von nicht mehr als drei Monaten haben. Zunächst wird ihr die Prima zum Akzept übersandt und von ihr mit Akzept versehen nach Durchstreichung der Rückseite zurückgesandt. Ein W.stempel ist hierfür nicht zu entrichten (§ 8 Abs. 2 d. G.). Später wird ihr auch die Sekunda, ohne daß diese im Inlande im Umlauf gewesen ist, unmittelbar vom Auslande übersandt, nachdem sie von dem letzten ausländischen Inhaber an sie (die N.N. Bank) giriert oder mit Blankogiro versehen ist, und am Verfalltage übersendet sie dem letzten ausländischen Inhaber den W.betrag oder verrechnet ihn zu dessen Gunsten. In solchen Fällen kann auch für die Sekunda ein W.stempel nicht verlangt werden, da die N.N. Bank den W. nicht aus den Händen gibt (§ 7 Abs. 1 d. G.) und die von ihr als Indossatarin für den Erwerb des W. gegebene Valuta nicht als Zahlung auf den W. anzusehen ist (ZBl. 97 S. 83). FM. 15. Juni 12 III 9636.

§ 9. Wird derselbe Wechsel in mehreren, im Kontext als Prima, Sekunda, Tertia usw. bezeichneten Exemplaren ausgefertigt, so ist unter diesen dasjenige zu versteuern, welches zum Umlaufe bestimmt ist[1]).

§ 10. Außerdem unterliegt der Versteuerung jedes Exemplar, auf welches eine Wechselerklärung[2]) — mit Ausnahme des Akzepts und der Notadressen — gesetzt ist, die nicht auf einem nach Vorschrift dieses Gesetzes versteuerten Exemplare sich befindet[3]). Die Versteuerung muß erfolgen, ehe das betreffende Exemplar von dem Aussteller der die Stempelpflichtigkeit begründenden Wechselerklärung, oder, wenn letztere im Ausland abgegeben ist, von dem ersten inländischen Inhaber aus den Händen gegeben wird.

Soll ein unversteuertes Wechselduplikat ohne Auslieferung eines versteuerten Exemplars desselben Wechsels bezahlt oder mangels Zahlung protestiert werden, so ist

---

[1]) Vgl. Anh. Anm. 1 Ziff. 9 Abs. 1.
[2]) Vgl. Anh. Anm. 1 Ziff. 9 litt. a.
[3]) Vgl. Anh. Anm. 1 Ziff. 9 litt. a und Abs. 2.

die Versteuerung desselben zu bewirken, ehe die Zahlung oder Protestaufnahme stattfindet[1]).

Der Beweis des Vorhandenseins eines versteuerten Wechselduplikats oder des Einwandes, daß die auf ein unversteuertes Exemplar gesetzte Wechselerklärung auf einem versteuerten Duplikat abgegeben sei, oder daß bei Bezahlung eines unversteuerten Duplikats auch ein versteuertes Exemplar ausgeliefert sei, liegt demjenigen ob, welcher wegen unterlassener Versteuerung eines Wechselexemplars in Anspruch genommen wird.

§ 11. Die Bestimmungen im § 10 finden gleichmäßig auf Wechselabschriften Anwendung, welche mit einem Originalindossament oder mit einer anderen urschriftlichen Wechselerklärung versehen sind. Jede solche Abschrift wird hinsichtlich der Besteuerung einem Duplikate desselben Wechsels gleichgeachtet.

§ 12. Ist die in den §§ 7 bis 11 vorgeschriebene Versteuerung eines Wechsels, eines Wechselduplikats oder einer Wechselabschrift unterlassen, so ist der nächste, und, solange die Versteuerung nicht bewirkt ist, auch jeder fernere inländische Inhaber verpflichtet, den Wechsel zu versteuern, ehe er denselben auf der Vorder- oder Rückseite unterzeichnet, veräußert, verpfändet, zur Zahlung präsentiert, Zahlung darauf empfängt oder leistet, eine Quittung darauf setzt, mangels Zahlung Protest erheben läßt oder den Wechsel aus den Händen gibt[2]). Auf die von den Vordermännern verwirkten Strafen hat die

---

[1]) Vgl. Anh. Anm. 1 Ziff. 9 litt. b.

[2]) Vgl. Anh. Anm. 1 Ziff. 8 und Ziff. 6.

Entrichtung der Abgabe durch einen späteren Inhaber keinen Einfluß.

Ist eine nach den Vorschriften dieses Gesetzes bestehende Stempelpflicht aus dem Wechsel selbst nicht zu ersehen, so besteht die im Abs. 1 bestehende Verpflichtung nur, wenn die Umstände, welche die Stempelpflicht überhaupt oder in einem höheren Umfange begründen, dem ferneren Inhaber bekannt oder infolge grober Fahrlässigkeit unbekannt sind.

1. Erk. d. OT. 13. Juni 78. JMBl. S. 133: a) Der Erwerber eines ungestempelten W. ist zwar nach §§ 5 und 6 des WStG. als Teilnehmer an dem Umlaufe desselben ohne weiteres für den Stempel mit verhaftet, unterliegt aber einer Strafe wegen der unterlassenen Stempelung nicht eher, als bis er seinerseits eine der im § 12 bezeichneten Verfügungen in betreff des W. vornimmt.

b) Im Sinne dieses § 12 ist unter einer auf den W. geleisteten Zahlung eine auf die W.schuld, also seitens eines W.schuldners oder für denselben geleistete Zahlung, nicht aber eine die w.mäßige Verpflichtung gar nicht berührende Zahlung der Valuta von seiten des Indossatars an den Indossanten zu verstehen.

2. Wenn der Aussteller eines ihm vom Akzeptanten unversteuert zurückgegebenen W. im Verlaufe eines zwischen ihm und dem Akzeptanten entstandenen Rechtsstreits zum Beweise einer Behauptung den W. dem Prozeßgericht als Beweismittel vorlegt, so ist darin ein „Aus-den-Händen-Geben" des W. nicht zu erblicken. Denn hierunter ist nicht jeder mechanische Aushändigungsakt, sondern ein solcher zu verstehen, welcher einen Teil des W.umlaufs bildet. (Vgl. Meves, G. über Wechselstempelsteuer 24 Note 2.)

Dagegen ist die Versteuerungspflicht in dem Zeitpunkte eingetreten, als noch vor der Fälligkeit des W. der Akzeptant dem

Aussteller ein Paar Pferde verkaufte und dabei ausdrücklich vereinbarte, daß die W.forderung in voller Höhe gegen den Kaufpreis aufgerechnet, ersterer also für getilgt gelten solle. Das Gesetz erwähnt zwar diesen Fall der Realisierung unter den § 12 aufgezählten Fällen ausdrücklich nicht, sondern bezeichnet u. a. die Versteuerungspflicht in der Person des späteren Inhabers als eingetreten: wenn er Zahlung auf den W. empfängt. Indessen erscheint es nicht geboten, unter der hier erwähnten „Zahlung" lediglich Barzahlung zu verstehen, vielmehr fällt darunter auch die Deckung des W. in anderer Form, mithin auch durch Aufrechnung der W.forderung mit einer Gegenforderung des W.schuldners, zumal dadurch beide Forderungen, soweit sich deren Betrag gleichkommt, erlöschen. Urteil des Oberlandesgerichts Dresden vom 27. Febr. 96. GA. **44** 282. — Vgl. Anm. 2 zu § 7 d. G.

3. Das Reichsgericht hat in einem Urteil vom 28. Jan./4. Febr. 97 (ZBl. S. 83) ausgesprochen:

a) Die beim Erwerb von W. als Valuta gezahlten Beträge sind nicht Zahlungen auf die eigentliche W.schuld, also nicht Zahlungen auf die W. im Sinne des § 12 WStG.

b) Ein „Aus-den-Händen-Geben" der W. im Sinne des § 12 des WStG. liegt auch dann vor, wenn die W. in zerschnittenem und daher nicht mehr umlaufsfähigem Zustand an den W.verpflichteten zurückgegeben werden.

4. Erk. des RG. 20. Sept. 86. Entsch. in Strafs. 14:

a) Die Aufdrückung des Firmenstempels auf die Vorderseite eines vom Schuldner erhaltenen Solaw. ist, wenn ihr sonst eine für den Umlauf des W. rechtliche Bedeutung nicht zukommt, als eine „Unterzeichnung" im Sinne des § 12 des WStG. nicht aufzufassen.

b) Dagegen liegt ein „Aus-den-Händen-Geben" im Sinne dieser Gesetzesstelle vor, wenn der W.inhaber den nicht in Umlauf gesetzten Solaw. an den Aussteller infolge weiterer Rechtsvereinbarung zurückgibt.

c) Bei einem von einer Firma erworbenen W. ist für die Erfüllung der Stempelpflicht stets der Firmeninhaber strafrechtlich verantwortlich, ohne Rücksicht darauf, ob er an der fraglichen Unterlassungshandlung persönlich beteiligt oder hieran verhindert war.

5. Ein bloßes Vorzeigen gilt nicht als ein „Aus-den-Händen-Geben“ im Sinne der §§ 7 u. 12 des Gesetzes. RG. 11. Dez. 02. ZBl. S. 106 von 03. Entsch. in Strafs. 36 33.

Mit den Worten „aus den Händen geben“ hat das Gesetz in den §§ 7 u. 12 ein Aushändigen treffen wollen, welches dazu dient, den W. in Umlauf zu bringen oder sonst Geschäfte damit zu machen, überhaupt also einen wechselrechtlich oder außerwechselrechtlich bedeutsamen Akt vorzunehmen, der den Zweck hat, die Realisierung des W.anspruchs herbeizuführen. Gleichgültig ist dabei, ob der Akt unter die im § 6 d. G. aufgezählten Handlungen fällt oder nicht. Die Worte „oder aus den Händen gibt“ in § 12 sind nicht bloß auf diejenigen Handlungen zu beziehen, welche § 6 aufzählt.

Würden die W. dem Konkursverwalter nur vorgezeigt sein, so läge hierin weder ein „Zur-Zahlung-Präsentieren“ noch ein „Aus-den-Händen-Geben“. Würden sie ihm dagegen ausgefolgt, zeitweilig überlassen zu dem Zweck, ihm die Prüfung der Echtheit usw. behufs Anerkennung entweder der W. selbst oder der Kontokorrentforderung der Witwe K. zu ermöglichen, so würde hierin allerdings ein „Aus-den-Händen-Geben“ ebenso anzunehmen sein, als wenn die W. zu den Konkursakten eingereicht worden wären.

6. Die Frage, ob der Akzeptant eines W. sich strafbar macht, wenn er bei Einlösung des W. die weitere Abgabe aus § 3 Abs. 2 d. G. nicht entrichtet, ist für diejenigen Fälle zu bejahen, in denen der W. dem Akzeptanten vor oder mit der Einlösung ausgehändigt wird. Diese Auffassung erscheint mit dem Wortlaute des § 12 d. G. vereinbar und entspricht dem Zweckgedanken des Gesetzes, da nicht angenommen werden

kann, der Gesetzgeber habe in solchen Fällen dem Steueranspruche den sonst verliehenen Schutz versagen wollen, der darin liegt, daß der Einlösende zur Nachversteuerung unter Strafandrohung verpflichtet wird.

Dagegen erscheint die Strafbarkeit des Akzeptanten ausgeschlossen, wenn ihm der W. bei der Zahlung nicht ausgehändigt wird. FM. 11. Febr. 13. III 1916.

7. Daß eine Stempelpflicht besteht, ist für die Nachmänner nicht unter allen Umständen aus dem W. zu ersehen. In Ansehung der weiteren Stempelpflicht ist z. B. der Fall denkbar, daß derjenige, dem ein unvollständiger W. ohne Ausstellungstag mit der Ermächtigung, den W. zu vervollständigen, übergeben worden ist, im sechsten Monat seit der Übergabe als Ausstellungstag den Tag, an dem er die Vervollständigung vornimmt, einsetzt und den W. alsdann weitergibt. Sein Nachmann kann dann nicht ersehen, daß der W. schon fünf Monate gelaufen ist. Es empfiehlt sich, im Gesetz ausdrücklich zu bestimmen, daß in solchen Fällen die Nachmänner von der Stempelpflicht nicht weiter betroffen werden, als sie für sie erkenntlich oder von ihnen gekannt war. Begr. S. 8 (09 II).

§ 13. Ein zur Annahme versandtes Wechselexemplar darf vom Verwahrer gegen Vorlegung eines nicht versteuerten Exemplars oder einer nicht versteuerten Abschrift desselben Wechsels unversteuert nur ausgeliefert werden, wenn dieses unversteuerte Exemplar oder diese unversteuerte Abschrift zuvor auf der Rückseite dergestalt durchkreuzt ist, daß dadurch die Benutzung zum Indossieren ausgeschlossen wird. Ist dies nicht der Fall, so haftet der Verwahrer, der das mit dem Annahmevermerke versehene Exemplar unversteuert ausliefert, für die Stempelabgabe und verfällt, wenn sie nicht rechtzeitig entrichtet wird, in die im § 18 bestimmte Strafe[1]).

Es kommt vor, daß von einem im Ausland in mehreren Exemplaren ausgefertigten W. das eine Exemplar einem Inländer übersandt wird mit dem Auftrag, gegen dessen Vorzeigung das im Inland ruhende akzeptierte Exemplar abzuheben und beide Exemplare gegen Vorlegung eines dritten Exemplars zur Verfügung zu halten. Alsdann ist der Inländer gezwungen, das ihm übersandte Exemplar zu stempeln, da der Verwahrer des Akzepts die Herausgabe des letzteren gegen ein ungestempeltes Exemplar verweigert, um sich nicht der im § 12 angedrohten Strafe auszusetzen. Der Inhaber des dritten Exemplars muß aber dieses für den Umlauf bestimmte Exemplar ebenfalls stempeln. Die vorgeschlagene Aenderung trägt Vorsorge, daß in diesem Falle die Stempelabgabe nicht doppelt entrichtet werden muß, was der Absicht des Gesetzes nicht entsprechen würde. Begr. S, 10 (09I).

§ 14. Die Verpflichtung zur Entrichtung der Stempelabgabe wird erfüllt:

1. durch Ausstellung des Wechsels auf einem mit dem erforderlichen Wechselstempel versehenen Vordruck,

   oder

2. durch Verwendung der erforderlichen Wechselstempelmarke auf dem Wechsel, wenn hierbei die von dem Bundesrat erlassenen und bekannt gemachten Vorschriften über die Art und Weise der Verwendung beobachtet worden sind.

---

[1]) Vgl. Anh. Anm. 1 Ziff. 8 Abs. 5.

§ 15. Stempelmarken, welche nicht in der vorgeschriebenen Weise verwendet worden sind, werden als nicht verwendet angesehen.

AusfB. §§ 3 bis 8 und § 16.

1. Die Verwendung einer mit einem unrichtigen Datum versehenen Stempelmarke ist nicht als eine vorschriftsmäßige anzusehen. OTE. 18. Okt. 71. OR. 12 515.

2. Mit der Aufschrift des Datums der Verwendung gilt die Stempelmarke als verwendet; eine demnächstige Ablösung vom W.formular, wenn dieses auch noch nicht ausgefüllt und durch Unterschrift zu einer Urkunde geworden ist, und Verwendung zu einem anderen ist nach § 276 StGB. auch dann strafbar, wenn der fragliche W., von dem die Marke nach ihrer Verwendung abgelöst ist, nachher nicht in Umlauf gesetzt wird. Daß bei der weiteren nachmaligen Verwendung das niedergeschriebene Datum unverändert blieb, ist rechtlich belanglos. RG. 28. April 04. Entsch. in Straff. 37 152.

3. Die Tatsache, daß ein W. mit der gesetzlichen Stempelmarke wirklich versehen ist, genügt nicht, um die Strafbarkeit späterer Teilnehmer an dessen Umlaufe auszuschließen, wenn derjenige, welcher die Marke verwendet hat, dies nicht in der vorgeschriebenen Weise getan hat. OTE. 20. Juni 77. ZBl. S. 285. — Vgl. aber Anm. 2 zu § 18.

4. Den Inhaber eines W., zu welchem der erforderliche Stempel in nicht vorschriftsmäßiger Weise verwendet worden, macht es nicht straflos, wenn er bei Weitergebung des W. in Unkenntnis der bei der Stempelverwendung vorgekommenen Vorschriftswidrigkeiten handelte. OTE. 1. Okt. 75. OR. 16 624. — Vgl. Anm. 2 u. 3 zu § 18 d. G.

§ 16. Der Anspruch auf Entrichtung des Wechselstempels verjährt in fünf Jahren.

Die Verjährung beginnt mit dem Schlusse des Jahres, in welchem der Wechsel fällig geworden ist.

Die Verjährung wird unterbrochen durch jede von der zuständigen Behörde zur Geltendmachung des Anspruchs gegen den Zahlungspflichtigen gerichtete Handlung. Wird die Verjährung unterbrochen, so beginnt eine neue Verjährung nicht vor dem Schlusse des Jahres, in welchem die Unterbrechung stattgefunden hat.

Die Unterbrechung der Verjährung wirkt nur gegen denjenigen, gegen welchen die Unterbrechungshandlung gerichtet worden ist.

Ist auf Grund des § 18 gegen eine der dort bezeichneten Personen ein Strafverfahren wegen Hinterziehung eingeleitet, so verjährt der Anspruch auf Entrichtung des Wechselstempels gegenüber dieser Person nicht früher als die Strafverfolgung.

Das Gesetz enthielt bisher keine Vorschrift über die Verjährung des Anspruchs auf Entrichtung des W.stempels. Der § 17 — jetzt 23 — bezieht sich nur auf die Verjährung der Strafverfolgung von W.stempelhinterziehungen. Die in den Bundesstaaten für die Verjährung der entsprechenden Landessteuern geltenden Vorschriften sind auf den Reichsstempel nicht anwendbar. Ebensowenig greifen die Vorschriften des BGB. über die Anspruchsverjährung Platz, da sie sich nicht auf Ansprüche des öffentlichen Rechts beziehen.

Welcher Tag, insbesondere bei Sichtw., als Verfalltag des W. anzusehen ist, ergibt sich aus den Vorschriften der WO.

Für die Übergangszeit ist im § 30 Bestimmung getroffen. Begr. S. 10 (09[1]).

§ 17. In Beziehung auf die Verpflichtung zur Entrichtung des Wechselstempels ist der Rechtsweg zulässig. Die Vorschriften des § 94 des Reichsstempelgesetzes vom 15. Juli 1909 finden Anwendung.

AusfB. § 9.

1. In W.stempelsachen ist zurzeit der Rechtsweg nur zulässig, soweit er — was nur zum Teil zutrifft — nach den Landesgesetzen eröffnet ist. Ist die Beschreitung des Rechtswegs nach dem Landesrecht ausgeschlossen, so können die Beteiligten eine zweifelhafte Frage nur dadurch zur richterlichen Entscheidung bringen, daß sie sich einem Strafverfahren wegen W.stempelhinterziehung aussetzen. Begr. S. 11 (09 I).

2. Nach § 94 des RStG. ist die Klage bei Verlust des Klagerechts binnen sechs Monaten nach erfolgter Beitreibung oder mit Vorbehalt geleisteter Zahlung zu erheben. Für die Berechnung der Frist sind die Bestimmungen der ZPO. maßgebend. Zuständig sind ohne Rücksicht auf den Wert des Streitgegenstandes die Landgerichte. Soweit bei denselben Kammern für Handelssachen bestehen, gehört der Rechtsstreit vor diese. Die Revision sowie die Beschwerde gegen Entscheidungen der Oberlandesgerichte geht an das Reichsgericht.

§ 18. Die Nichterfüllung der Verpflichtung zur Entrichtung der Stempelabgabe wird mit einer Geldstrafe bestraft, welche dem fünfzigfachen Betrage der hinterzogenen Abgabe[1]) gleichkommt.

Diese Strafe ist besonders und ganz zu entrichten von jedem, welcher der nach den §§ 5 bis 13 ihm obliegenden Verpflichtung zur Entrichtung der Stempelabgabe nicht rechtzeitig[2]) genügt hat, ingleichen von in-

---

[1]) Vgl. Anh. Anm. 1 Ziff. 6 und Anm. 4 Abs. 1.

[2]) Vgl. Anh. Anm. 1 Ziff. 7.

ländischen Maklern und Unterhändlern, welche wissentlich unversteuerte Wechsel verhandelt haben.

Kann der Betrag der hinterzogenen Abgabe nicht festgestellt werden, so tritt statt der vorstehend bestimmten Strafe eine Geldstrafe von fünfundzwanzig bis zu zehntausend Mark ein.

1. Der Tatbestand strafbarer W.steuerhinterziehung erfüllt sich lediglich durch die Tatsache der Nichtbeachtung der für die Entrichtung der Steuer gegebenen gesetzlichen Vorschriften, gleichviel ob solche Unterlassung eine bewußte, eine fahrlässige oder nicht fahrlässige ist. Auch die Kenntnis der Steuerpflicht gehört nicht zu diesem Tatbestande und es ist rechtlich gleichgültig, ob die Unkenntnis der Steuerpflicht auf verschuldetem oder unverschuldetem Irrtum beruht. RGE. 20. Nov. 82. Entsch. in Straff. 7 240 u. RGE. 2./30. März 08. Entsch. **41** 235. Es ist rechtlich ohne Belang, wenn auch ein Dritter die Verstempelung des W. infolge irgendeiner Erklärung oder irgendeines Vertretungsverhältnisses übernommen haben sollte, sofern der Dritte das Aufkleben nicht vorschriftsmäßig besorgt hat. RGE. 23. April 03. JW. S. 358. — Vgl. jetzt aber § 12 Abs. 2 u. § 20 d. G.

2. Auf einem von dem Bezogenen akzeptierten und dann von dem Aussteller in blanco indossierten W. hatte erst dessen Erwerber, bevor er selbst den W. mit Indossament weitergab, eine dem geschuldeten Steuersatz entsprechende Stempelmarke angebracht und durch Eintragung des Datums der Verwendung entwertet; er hatte aber die Marke nicht unterhalb des Blankoindossaments des Ausstellers, sondern über diesem am oberen Rande aufgeklebt, weshalb die Marke als nicht verwendet anzusehen war: Die späteren Erwerber des W. können deshalb nicht in Strafe genommen werden, weil sie unterlassen haben, ihrerseits eine neue Marke zu verwenden. RG. 2./30. März 08. ZBl. S. 335. Entsch. **41** 231. Zur

Strafbarkeit der Verfehlungen gegen das WStG. ist ein Verschulden nicht erforderlich (vgl. jetzt § 12 Abs. 2); der Teilnehmer am W.umlauf ist jedoch nicht für solche Verfehlungen seiner Vormänner verantwortlich, die nach der äußeren Erscheinung des W. nicht wahrnehmbar sind. Die Unterlassung der vorschriftsmäßigen Versteuerung muß äußerlich erkennbar sein.

3. Der Akzeptant eines mit der erforderlichen Stempelmarke versehenen W. haftet nicht dafür, daß die betreffende Marke eine bereits anderweitig verwendete war, sobald er von dieser Tatsache keine Kenntnis hatte. Erk. des OT. 26. Okt. 75. OR. 16 690; Erk.-Gründe: der Appell.-Richter habe tatsächlich festgestellt, daß die Angeklagten aus der äußeren Erscheinung der zu dem fraglichen W. verwendeten Stempelmarken deren früheren Gebrauch und dadurch eingetretene Entwertung nicht hätten erkennen können und ihnen eine Fahrlässigkeit in dieser Beziehung nicht zur Last falle, sowie daß die Angeklagten das unter den vorliegenden Umständen ganz gerechtfertigte positive Bewußtsein von der bereits vollständig und richtig durch den Aussteller geschehenen Versteuerung des W gehabt hätten; das WStG. schließe die Anwendung des bei allen strafbaren Handlungen geltenden § 59 des Strafgesetzbuches nicht aus; § 18 des ersteren sei daher nur von einer nach allgemein strafrechtlichen Prinzipien zu rechnenden Nichterfüllung der gesetzlichen Vorschriften zu verstehen, und der in der Rechtsprechung des Obertribunals stets festgehaltene Satz, daß bei Steuervergehen die Strafbarkeit weder durch die Absicht einer Steuerhinterziehung noch durch das Bewußtsein der Rechtswidrigkeit des Verhaltens bedingt sei, beziehe sich nicht auf solche Fälle, in welchen der Täter, ohne daß ihm eine Fahrlässigkeit zur Last falle, sich in Unkenntnis der Tatsachen, welche die Steuerpflicht begründen, befunden habe. — Vgl. aber Anm. 5 unten.

4. Durch die Vorlegung eines nicht vorschriftsmäßig versteuerten W. zum Zwecke der Diskontierung bei einem Bankhause wird noch keine W.stempelkontravention begangen; zu dem Tatbestande der letzteren ist vielmehr die Aushändigung des W. von seiten des Inhabers und die Besitzergreifung seitens des Bankhauses erforderlich. FME. 20. Dez. 90. III. 14090.

5. Das Reichsgericht hat im Urteil vom 25. April 99 — Entsch. in Strafs. 32 130 — über die Pflicht zur Entrichtung der Stempelabgabe, wenn der auf das Ausland gezogene, nur im Ausland zahlbare W. einen ausländischen Platz als Ort der Ausstellung angibt, tatsächlich aber im Inlande ausgestellt ist, und über die strafrechtliche Verantwortlichkeit des Abgabepflichtigen, der die zum gesetzlichen Tatbestande der Hinterziehung gehörenden Umstände nicht kennt, sich ausgelassen:

Der von M. in K. in Rußland angenommene, „K., den 18. Jan. 1895" datierte, in K. zahlbare W. über 600 M. ist von den Akzeptanten mit ihrem Akzept versehen, aber unter Offenlassung des Raums für die Unterschrift des Trassanten an den Maschinenfabrikanten F. in C. gesandt, von diesem in C. als Trassant unterschrieben und giriert worden, dann im ferneren Umlauf auch an die Bergbaugewerkschaft in O. gelangt und vom Angeklagten als deren Direktor mittels Indossaments weiter begeben worden, ohne daß ein deutscher W.stempel auf demselben verwendet worden war. Dem Angeklagten ist zugegeben, daß er der Meinung gewesen ist, der W. sei in K. in Rußland ausgestellt und als sogenannter Transitwechsel steuerfrei. Er ist trotzdem der Hinterziehung des W.stempels schuldig erklärt worden.

Zunächst ist, so führt das Revisionsgericht aus, die Ansicht fehlsam, daß dem Umstande ein Gewicht nicht beizulegen sei, an welchem Orte der W. vom Aussteller unterschrieben worden ist, und daß durch den Inhalt des W. die Annahme widerlegt werde, daß er vom Inlande aus gezogen sei. Das WStG. bestimmt in § 1 Abs. 2 Nr. 1, daß von der Stempelabgabe befreit bleiben die vom Auslande auf das Ausland gezogenen, nur im Auslande zahlbaren W., und statuiert damit eine Ausnahme von dem allgemeinen Grundsatze des Abs. 1, wonach gezogene und eigene W. im Gebiete des Deutschen Reichs einer Abgabe unterliegen. Es ist davon auszugehen, daß diese Befreiung von der Abgabepflicht nur für den Fall zugebilligt werden soll, daß der W. wirklich den dort aufgestellten Erfordernissen entspricht, also wirklich ein sogenannter transitierender W. ist, nicht aber schon dann, wenn nur fälschlich ein Ort im Auslande als Ausstellungsort genannt, die Ausstellung des W. aber tatsächlich im Inlande erfolgt ist. Die Annahme, daß lediglich der Inhalt des W.textes in dieser Richtung entscheidend sein solle, würde der Hinterziehung der Stempelabgabe bei im Inlande auf das Ausland gezogenen, im Auslande zahlbaren W., die im Inlande umlaufen, Tür und Tor öffnen.

Daraus, daß die Angabe des Ortes der Ausstellung ein wesentliches Erfordernis eines gezogenen W. ist, folgt nur, daß in dem W. ein Ausstellungsort angegeben sein muß, nicht, daß die falsche Angabe des Ausstellungsortes die formelle Gültigkeit des W. als solchen beeinträchtigt.

Der Berufungsrichter hat daher ohne Rechtsirrtum auf die erwiesene Tatsache, daß die Unterschrift des Ausstellers entgegen dem Inhalt des W.textes in C. erfolgt ist, Gewicht gelegt, danach die Eigenschaften desselben als Transitw. verneint und angenommen, daß der W. in Deutschland stempelpflichtig ist. — Vgl. Anm. 11 zu § 1.

§ 19. **Der Akzeptant eines gezogenen und der Aussteller eines trockenen Wechsels können daraus, daß der Wechsel zur Zeit der Annahmeerklärung beziehungsweise der Aushändigung mangelhaft gewesen sei, keinen Ein-**

wand gegen die gesetzlichen Folgen der Nichtversteuerung desselben entnehmen[1]).

1. Mit der Bezeichnung „mangelhaft“ soll der Fall der Unvollständigkeit des Wechsels, ein noch nicht vollständig ausgefülltes W.formular, ein sog. Blankett getroffen werden. RGE. 9. Juni 03, ferner RGE. 31. Jan. 05. (Entsch. in Strafs. **37** 377). — Vgl. Anm. 9 zu § 1 d. G.

2. Derjenige, welcher einen nicht vollständig ausgefüllten (vom Aussteller nicht unterschriebenen) W. akzeptiert, ist wegen unterlassener Stempelung nur in dem Falle strafbar, wenn demnächst durch vollständige Ausfüllung seiner wesentlichen Teile ein stempelpflichtiger W. wirklich entstanden ist. OTE. 10. Dez. 75. GA. **23** 563.

3. Dem W.stempel unterliegen allerdings nur diejenigen Urkunden, welche den in der WO. aufgeführten Erfordernissen eines W. entsprechen, und daher können Urkunden, welche die übrigen Erfordernisse eines trockenen W. erfüllen, in denen indessen der Tag der Ausstellung und der Name des Gläubigers noch nicht ausgefüllt sind, in diesem Zustand als steuerpflichtig nicht angesehen werden. (Vgl. jetzt § 2 d. G.) Im § 19 des WStG. ist indessen bestimmt, daß der Akzeptant eines gezogenen und der Aussteller eines trockenen W. daraus, daß der W. zur Zeit der Annahmeerklärung, beziehungsweise der Aushändigung, mangelhaft gewesen sei, keinen Einwand gegen die gesetzlichen Folgen der Nichtversteuerung desselben entnehmen können. Wird daher ein trockener W. von dem Aussteller in nicht völlig ausgefülltem Zustande demjenigen, an welchen nach dem W. gezahlt werden soll, ungestempelt übergeben, und von diesem demnächst die Ausfüllung bewirkt, so würde der Aussteller des W. die Strafe der W.stempelhinterziehung selbst dann verwirkt haben, wenn auch

[1]) Vgl. Anh. Anm. 1 Ziff. 7 litt. b.

der Gläubiger bei Ausfüllung des W. gleichzeitig den gesetzlichen Stempel verwendet, denn den W.aussteller würde immer der Vorwurf treffen, das Schriftstück dem Gläubiger ausgehändigt zu haben, ohne daß es versteuert war, und er könnte sich nach § 19 nicht damit entschuldigen, daß zu der Zeit, wie er den W. aushändigte, dieser noch mangelhaft gewesen sei. Daß der § 19 des WStG. in dem angegebenen Sinne zu verstehen sei, ist in RGE. vom 30. Juni 87 (Entsch. in Strafs. **16** 206) anerkannt worden. FME. v. 13. Juni 96 III 8329.

4. Die Bestimmung im § 19 WStG. ist nicht auf andere W.beteiligte, als darin genannt, insbesondere nicht auf diejenigen zu beziehen, die einen trockenen W. als Bürgen unterzeichnet haben. RGE. 11. Dez. 02. ZBl. S. 106 de 03. Entsch. in Strafs. **36** 33. Aus den Urteilsgründen: Festgestelltermaßen haben C. H. und B. die W. „als Bürgen" unterschrieben zu einer Zeit, als die W. von dem Aussteller J. noch nicht unterschrieben gewesen sind. Vor Unterzeichnung des J. entfiel jede w.rechtliche Haftung der drei Mitunterzeichner, denn, solange die Unterschrift des Ausstellers fehlt, entsteht aus der Schrift keine w.rechtliche Verbindlichkeit und auch die auf eine solche Schrift gesetzte Erklärung „als Bürge" hat keine W.kraft.

Die Steuerpflicht ist nach § 6 d. G. an die Unterzeichnung einer W.erklärung geknüpft, d. h. einer Erklärung, durch welche eine w.mäßige Verbindlichkeit übernommen wird. Diese Voraussetzung wird nicht erfüllt durch schriftliche Erklärungen auf dem W., welche eine w.mäßige Verbindlichkeit zwar nach dem Willen der Erklärer enthalten sollen, eine solche wegen mangelnder w.rechtlicher Form jedoch nicht enthalten. Da nur die von C. H. und B. auf die W. vor der Unterzeichnung durch den Aussteller gesetzte Unterschrift für diese irgendwelche w.rechtliche Verbindlichkeit nicht erzeugte, bestand für sie keine Verpflichtung für Entrichtung der Abgabe. Die Bestimmung des § 19 steht dem nicht entgegen. Sie ist als

Ausnahmevorschrift ausdrücklich auf den Akzeptanten eines gezogenen und den Aussteller eines trockenen W. beschränkt. Nur diese Personen sollen sich auf die Mangelhaftigkeit des W. nicht berufen können.

Auch das RGE. **10** 27 — unten Anm. 7 — trifft nur den Fall, wenn der Aussteller eines gezogenen W. die Blankette seinem Geschäftsführer zur Verwendung im Geschäfte gibt und ist auf andere anders gelagerte Fälle nicht auszudehnen; diese Entscheidung steht also mit obigem nicht in Widerspruch.

5. Wer ein nicht ausgefülltes W.formular mit seinem Akzept versieht und dann ungestempelt aus den Händen gibt, hat die Stempelstrafe auch dann verwirkt, wenn der Aussteller seinerseits bei der nachträglichen Vollziehung rechtzeitig den Stempel verwendet. RGE. 19. März 97. ZBl. S. 202. Entsch. in Straff. **30** 19.

Der Angeklagte hatte auf Ansuchen des Kaufmanns M. auf ein gedrucktes W.formular seinen Namen als Akzeptant niedergeschrieben und es ohne Stempelmarke und ohne über die einzurückende W.summe mit M. Vereinbarungen zu treffen, diesem zurückgegeben. M. trug am folgenden Tage 10000 M. als W.summe ein, füllte es auch im übrigen aus, unterschrieb als Aussteller und gab den so fertiggestellten W. dem Bankier H. in Zahlung. M., auf das Fehlen der Stempelmarke von H. aufmerksam gemacht, löste eine Marke im Betrage von 5 M. und übergab sie mit dem W. an H. Dieser kassierte die Marke und nahm den W., nachdem M. noch seinen Namen als Indossant unter die Marke gesetzt hatte, an sich.

Der fertiggestellte W. wird behandelt, als wäre bei Aushändigung des Blankoakzepts das W.formular bereits vollständig ausgefüllt gewesen; die Unterlassung der Besteuerung seitens des Blankoakzeptanten wird strafbar durch die Herstellung eines stempelpflichtigen W. Hierbei ist der Einwand des Angeklagten belanglos, daß er zur Verwendung des erforderlichen Stempels außerstande gewesen sei, weil er nicht gewußt habe, über welche Summe das W.formular habe ausgefüllt werden sollen.

6. Derjenige, der einen mit seinem Akzept versehenen, der Unterschrift des Ausstellers entbehrenden W. ungestempelt in das Ausland versendet, verwirkt die Stempelstrafe, wenn auch der im Ausland mit der Unterschrift des ausländischen Ausstellers versehene W. bei der Rückkehr in das Inland von dem ersten inländischen Inhaber vorschriftsmäßig versteuert ist.

Der Prokurist einer Firma, der als solcher ein W.akzept ausgestellt und ausgehändigt hat, wird durch den Umstand, daß er dies als Prokurist getan, von der strafrechtlichen Verantwortlichkeit nicht befreit, wenngleich der Geschäftsinhaber auch für die Zuwiderhandlungen von Prokuristen und sonstigen Geschäftsbevollmächtigten die strafrechtliche Verantwortlichkeit trägt. RGE. 22. Nov. 98. ZBl. 99 82. Entsch. in Strafs. 31 336.

Der Prokurist der Firma A. in Berlin sandte an die Firma B. in Malaga das Formular eines gezogenen W., nachdem er dasselbe als Prokurist mit dem Annahmevermerk versehen und im übrigen bis auf die Unterschrift des Ausstellers vollständig ausgefüllt hatte. B. in Malaga fügte seine Unterschrift als Aussteller hinzu und girierte das W.formular und übersandte es an das Bankhaus D. in Berlin. D. ließ den W., nachdem er hinter dem ersten Indossament die W.stempelmarken entwertet hatte, bei der Firma A. protestieren.

Für unerheblich ist der Einwand des Angeklagten erachtet, daß das Akzept der Firma B. nur zur Sicherheit und mit der ausdrücklichen Abrede gegeben sei, daß der W. nicht ausgefüllt und benutzt, sondern der W.betrag um den Betrag der entstehenden Provisionsforderung des Akzeptanten gekürzt und das Akzept schließlich annulliert werden solle.

In subjektiver Beziehung erfordert der Tatbestand strafbarer W.stempelhinterziehungen weder eine auf Steuerhinterziehung gerichtete Absicht, noch das Bewußtsein rechtswidrigen Verhaltens oder auch nur schuldhafte Fahrlässigkeit (s. jetzt § 12 Abs. 2 d. G.). — Vgl. Anm. 4 bei § 6 d. G. u. Anm. 3 bei § 7.

7. Derjenige, welcher einen nachher zur Begebung an Dritte gelangten W. zur Zeit, als er ein Blankett bildete, als Aussteller und Indossant unterschrieben hat, kann wegen Nichtentrichtung des W.stempels strafrechtlich haftbar werden. Die Fälschung der Annahmeerklärung des Bezogenen oder eines Giros ist in dieser Hinsicht ohne Einfluß. RGE. 5. Jan. 84. Entsch. in Strafs. **10** 27. — Vgl. oben Anm. 4 Abs. 3.

§ 20. Ergibt sich in den Fällen der §§ 18, 19 aus den Umständen, daß eine Hinterziehung der Stempelabgabe nicht hat verübt werden können oder nicht beabsichtigt worden ist, so tritt eine Ordnungsstrafe bis zu einhundertfünfzig Mark ein.

§ 21. Die auf Grund dieses Gesetzes zu verhängenden Strafen sind bei offenen Handelsgesellschaften, Kommanditgesellschaften und Kommanditgesellschaften auf Aktien gegen die zur Vertretung der Gesellschaft berechtigten Gesellschafter, bei Gesellschaften mit beschränkter Haftung gegen die Geschäftsführer, bei Genossenschaften, Aktiengesellschaften und sonstigen rechtsfähigen Vereinen gegen die Vorstandsmitglieder nur im einmaligen Betrage, jedoch unter Haftbarkeit jedes einzelnen als Gesamtschuldner festzusetzen. Ebenso ist in anderen Fällen zu verfahren, in denen mehrere Personen gemeinschaftlich oder als Vertreter desselben Teilnehmers am Umlaufe des Wechsels beteiligt sind.

Die Vorschrift des Abs. 1 Satz 1 findet entsprechende Anwendung im Verhältnisse des Vollmachtgebers zu dem Bevollmächtigten, welcher innerhalb der ihm zustehenden Vertretungsmacht im Namen des Vollmachtgebers eine der in den §§ 7 bis 13 bezeichneten Handlungen vornimmt, bevor der Verpflichtung zur Entrichtung des Stempels genügt ist.

1. Der § 15 — jetzt 18 — bedroht mit Strafe besonders und zum vollen Betrage jeden Teilnehmer am Umlaufe des W., welcher der ihm obliegenden Verpflichtung zur Entrichtung der Stempelabgabe nicht rechtzeitig genügt hat. Der neue § 20 — jetzt 21 — ist bestimmt, neben dieser Vorschrift eine weitere Strafanhäufung in den hier in Betracht kommenden Einzelfällen auszuschließen, falls der W.inhaber, dem die Unterlassung zur Last fällt, durch mehrere Personen vertreten ist.

Der gemachte Vorschlag, als strafbar nur diejenige Person anzusehen, die den W. unterzeichnet hat, und daneben nur eine zivilrechtliche Haftung der Firma einzuführen, ist einmal aus dem Grunde unzulänglich, weil er die Fälle nicht berührt, in denen die Straffälligkeit eintritt nicht infolge der Unterzeichnung einer W.erklärung vor erfolgter Versteuerung, sondern infolge einer anderen der im § 12 bezeichneten Verkehrshandlungen; anderseits geht der Vorschlag über das Gesetz hinaus, indem der Aussteller des W., der erste inländische Inhaber des ausländischen W. und der Akzeptant nicht schon durch die Zeichnung auf dem ungestempelten W., sondern erst dadurch straffällig werden, daß sie den ungestempelten W. aus den Händen geben. Es kann also der Prokurist, der in diesen Fällen zwar die Zeichnung bewirkt, im übrigen aber mit der Begebung des W. nichts zu tun gehabt hat, nicht strafrechtlich verantwortlich gemacht werden.

Auch versagt der Vorschlag in den Fällen, in welchen

der eigentlich Schuldige, der die straffällige Handlung vorgenommen hatte, sei es, weil der Originalw. nicht mehr vorlag, sei es aus anderen Gründen, nicht ermittelt werden konnte, oder der eigentlich Schuldige zwar bekannt, aber nicht mehr zu erlangen gewesen ist. In Fällen dieser Art ist auch mit der zivilrechtlichen Haftung der Firma nicht geholfen, denn eine solche setzt die vorgängige Verurteilung des eigentlichen Schuldigen voraus.

Der Abs. 1 spricht aus, daß gegen mehrere Personen, die in gleicher Eigenschaft — sei es als gemeinschaftliche Teilnehmer am W.umlauf, sei es als Mitinhaber derselben Firma oder als die berufenen Organe einer nicht physischen Person oder als Prokuristen mit Kollektivprokura — die strafrechtliche Verantwortung tragen, die Strafe nur in einmaligem Betrag unter gesamtschuldnerischer Haftung zu verhängen ist. Daß mehrere Personen am Umlauf des W. gemeinschaftlich teilnehmen, wird z. B. vorkommen können, wenn mehrere Personen als Bezogene benannt sind.

Der Abs. 2 ordnet an, daß die Strafe auch dann nur in einmaligem Betrage auszusprechen ist, wenn für die von einem Bevollmächtigten begangene Zuwiderhandlung sowohl dieser als auch der Vollmachtgeber — beide also in ungleicher Eigenschaft — strafrechtlich verantwortlich sind. Begr. S. 11, 12 (09 I).

2. Jeder selbständig zur Geschäftsführung berechtigte Teilhaber einer offenen Handelsgesellschaft ist für die Verletzung der Pflicht zur Versteuerung eines W. strafrechtlich verantwortlich; die Strafbarkeit eines einzelnen Teilhabers wird nicht dadurch ausgeschlossen, daß nicht er persönlich, sondern ein anderer Mitinhaber oder eine andere Person den W. unversteuert giriert und weiterbegeben hat. RG. 21. Sept. 06. ZBl. S. 1507. JW. S. 799.

§ 22. **Die Umwandlung einer nicht beizutreibenden Geldstrafe in eine Freiheitsstrafe findet nicht statt. Auch**

ist, wenn der Verurteilte ein Deutscher ist, die Zwangsversteigerung eines Grundstücks ohne seine Zustimmung nicht zulässig.

§ 23. Die Strafverfolgung von Hinterziehungen des Wechselstempels (§ 18) verjährt in fünf Jahren, von anderen Zuwiderhandlungen (§ 20) in einem Jahre.

Die Verjährung beginnt mit dem Schlusse des Jahres, in welchem der Wechsel fällig geworden ist.

Wird die Verjährung unterbrochen, so beginnt eine neue Verjährung nicht vor dem Schlusse des Jahres, in welchem die Unterbrechung stattgefunden hat.

1. Es empfiehlt sich, auch die Verjährung der Strafverfolgung gleich der Verjährung des Anspruchs auf die Entrichtung des Stempels nicht von dem Tage der Ausstellung, sondern vom Tage der Fälligkeit des W. an laufen zu lassen. Es ergibt sich sonst der Widersinn, daß bei W., die eine längere Laufzeit als fünf Jahre haben, die Verjährung der Strafverfolgung für Zuwiderhandlungen, die durch Weiterbegebung nach Ablauf des gegenwärtig vorgesehenen fünfjährigen Zeitraumes begangen werden, bereits vor Begehung der Tat vollendet ist.

Für die Verjährung der Strafverfolgung, ihre Unterbrechung und Wirkung gelten im übrigen die Vorschriften der §§ 66, 68 StGB., deren Wiederholung es daher hier nicht bedarf.

Soweit nach der neuen Fassung im Einzelfall eine längere Verjährungsfrist in Frage kommt, bedarf es für die vor dem Inkrafttreten des Gesetzes liegenden Fälle im Hinblick auf § 2 Abs. 2 StGB. keiner besonderen Übergangsvorschrift. Begr. S. 12, 13 (09 I).

2. Die Existenz eines W. im Sinne der WO. ist Voraussetzung für die Verjährung der Strafverfolgung. (Vgl.

auch jetzt § 2 d. G.) RGE. 29. März 98. ZBl. S. 371. Entsch. in Strass. **31** 96.

Im Frühjahr 1895 ließ der Angeklagte R. zu Konkursakten behufs Geltendmachung seiner Forderungen zwei mit je 2,50 M. zu versteuernde W., über je 5000 M., sowie vier mit je 5 M. zu versteuernde über je 10000 M. einreichen; sämtliche W. trugen das Datum: 31. Oktober 1894 und lauteten auf Sicht. Die W. waren durch Indossament an den Angeklagten gelangt, und zwar die W. über je 10000 M. durch Indossament vom 5. Oktober 1884. diejenigen über je 5000 M., in denen die Mitangeklagte L. als Remittentin bezeichnet war, durch Indossamente vom Jahre 1885. Damals lagen aber noch keine vollständigen W. vor, sondern nur sog. Blankow., die zwar schon den Namen des Ausstellers R. trugen, die R. aber hinsichtlich der Data der Fälligkeitszeiten und der W.summen ausfüllte, als er am 25. April 1895 die W. zu den Konkursakten einreichen ließ. Stempelmarken wurden mit dem Kassationsvermerk von diesem Tage versehen, jedoch teils in unzureichenden Beträgen, teils in unrichtiger Weise, so daß gegen beide Angeklagte das Strafverfahren eingeleitet wurde.

Der Verjährungseinwand der Angeklagten wurde verworfen, weil die W. durch die am 25. April 1895 bewirkte Vervollständigung die Form von W. erhalten hätten und daher von diesem Tage an als ausgestellt galten. Die Existenz eines W. im Sinne der Wechselordnung ist, wie die Voraussetzung für die Strafbarkeit der W.stempelhinterziehung — Entsch. **30** 19 — so auch diejenige für die Verjährung der Strafverfolgung.

Die Strafbarkeit der Mitangeklagten L. war davon abhängig, daß das W.blankett später durch Ausfüllung ein vollständiger W. wurde, und diese Bedingung wurde erst am 25. April 1895 erfüllt. Die Berufung dieser Angeklagten auf die Beifügung der Jahreszahl 1885 zu ihrem Giro vermag übrigens auch schon deshalb nicht zu ihrer Entlastung zu dienen, weil dadurch der spätere Inhaber des W. nicht gehindert wurde, auf den W. einen späteren Ausstellungstag sowie eine spätere Fälligkeitszeit mit verbindlicher Kraft für die Indossantin zu setzen.

3. Durch den hauptamtlichen Strafbescheid, und zwar schon durch dessen Erlaß, nicht erst durch dessen Zustellung, wird die Verjährung unterbrochen, aber nicht schon durch solche Prozeßhandlungen, welche den Strafbescheid nur vorbereiten. FME. 13. Dez. 82 III 16 806; RGE. 5. Juli 02. ZBl. S. 254 u. FME. 6. Nov. 02. ZBl. S. 293.

§ 24. Hinsichtlich des Verwaltungsstrafverfahrens, der Strafmilderung und des Erlasses der Strafe im Gnadenwege sowie hinsichtlich der Strafvollstreckung kommen die Vorschriften zur Anwendung, nach welchen sich das Verfahren wegen Vergehen gegen die Zollgesetze — in den von der gemeinschaftlichen Zollgrenze ausgeschlossenen Bezirken aber das Verfahren wegen Vergehen gegen die Stempelgesetze — bestimmt[1]).

Die in den §§ 18, 20 vorgeschriebenen Geldstrafen fallen dem Fiskus desjenigen Staates zu, von dessen Behörden die Strafentscheidung erlassen ist.

1. Die Vorschriften des bisherigen § 19 haben sich durch den Erlaß des Reichsgesetzes über den Beistand bei der Einziehung von Abgaben und der Vollstreckung von Vermögensstrafen vom 9. Juni 1895 (RGBl. S. 256) erledigt. Begr. S. 13 (09 I).

Aber auch nach Wegfall dieser Vorschrift in dem jetzt geltenden Gesetz sind die Behörden eines Bundesstaates befugt, die von ihnen wegen WSt.hinterziehung einzuleitende Untersuchung auch auf diejenigen Inhaber des W. auszudehnen, welche

---

1) Vgl. Anh. Anm. 2 und 3.

anderen Bundesstaaten angehören. RSchA. 21. Juli 10 II 8484. FM. 27. Juli 10 III 14607.

2. Auch ohne Vorlegung des Originals und beim bloßen Vorhandensein einer beglaubigten Abschrift des W. ist der erkennende Richter wohl befugt, tatsächlich festzustellen, daß das auf dem W. befindliche Giro von dem Angeklagten herrühre, sobald er die in dieser Beziehung vorliegenden Beweise nach seiner Überzeugung für genügend erachtet. OTE. 24. Okt. 66. GA. **14** 832 Ebenso kann der Beweis, daß eine W.stempelmarke nicht in vorschriftsmäßiger Weise kassiert worden sei, nicht bloß durch Vorlegung des mit der Marke versehenen W., sondern auch durch Vorlegung einer beglaubigten Abschrift des W. geführt werden. OTE. 17. Mai 71. OR. **12** 268. Wie überhaupt die nicht vorschriftsmäßige Verwendung einer W.stempelmarke durch jedes im Strafverfahren statthafte Beweismittel dargetan werden kann, ohne daß es zur Beweisführung der Vorlegung des Originalw. bedarf. OTE. 26. Nov. 73. OR. **14** 757.

3. Im gerichtlichen Strafverfahren wegen W.stempelhinterziehung darf der Einwand des Angeschuldigten, daß er den geforderten W.stempel zu entrichten nicht verpflichtet sei, nicht zum Zivilprozeß verwiesen werden; vielmehr hat der Strafrichter über die Frage zu entscheiden, ob eine W.stempelhinterziehung vorliegt. RGE. 7. Okt. 80. ZBl. **82** 238ff. (vgl. jetzt § 17 d. G.).

4. In denjenigen Fällen, wo mehrere Personen in betreff eines W. ihrer Verpflichtung zur Entrichtung der Stempelabgabe nicht rechtzeitig genügt haben und deshalb wegen W.stempelhinterziehung zur Untersuchung zu ziehen sind, ist gegen alle betreffenden Personen, namentlich auch gegen die in anderen Hauptamtsbezirken wohnhaften Kontravenienten, die Untersuchung von dem zuerst mit derselben befaßten zuständigen Hauptamte zu führen. Aus den Motiven zu dem WStG. ergibt sich, daß es für eine überflüssige und der Sache selbst nachteilige Weitläufigkeit des Verfahrens erachtet ist, wenn in jedem Bundesstaate, welchem ein Inhaber des W. angehört, eine besondere Prozedur eingeleitet werden sollte. Wenn es auch richtig ist, daß unter Umständen in einzelnen Fällen die Einleitung eines besonderen Prozesses gegen jeden Inhaber des W. schneller zum Ziele führen mag, so kann doch unter anderen Umständen das Gegenteil ebensowohl eintreten und namentlich können aus der verschiedenen Behandlung der vorkommenden Rechtsfragen bei den verschiedenen Behörden sehr unerwünschte Verwickelungen hervorgehen. Es unterliegt auch keinem Zweifel, daß es der Absicht des Gesetzgebers entspricht, diejenigen Fälle, in welchen die mehreren zur Untersuchung zu ziehenden Inhaber des W. einem und demselben Bundesstaate angehören, aber in verschiedenen Hauptamtsbezirken ihren Wohnsitz haben, in der fraglichen Beziehung nicht anders zu behandeln als die Fälle, wo die Kontravenienten verschiedenen Bundesstaaten angehören. FME. v. 6. Juni 70 III 9633.

5. Nach den in dem FME. vom 6. Juni 70 III 9633 — s. oben — ausgesprochenen Grundsätzen ist auch bei Anträgen auf Einleitung der gerichtlichen Untersuchung gegen Beschuldigte zu verfahren. Vfg. d. PStD. zu B. v. 30. Nov. 93.

§ 25. Die in den einzelnen Bundesstaaten mit der Beaufsichtigung des Stempelwesens beauftragten Behörden und Beamten haben die ihnen obliegenden Verpflichtungen mit gleichen Befugnissen, wie sie ihnen hinsichtlich der nach den Landesgesetzen zu entrichtenden Stempelabgaben zustehen, auch hinsichtlich des Wechselstempels wahrzunehmen.

§ 26. Außer den Steuerbehörden haben alle diejenigen Staats- oder Kommunalbehörden und Beamten, denen eine richterliche oder Polizeigewalt anvertraut ist, sowie die Notare, die Postbeamten und andere Beamte, welche Wechselproteste ausfertigen, die Verpflichtung, die Besteuerung der bei ihnen vorkommenden Wechsel und Anweisungen von Amts wegen zu prüfen und die zu ihrer Kenntnis kommenden Zuwiderhandlungen gegen dieses Gesetz bei der nach § 24 zuständigen Behörde zur Anzeige zu bringen.

Auf der nach der Wechselordnung zurückzubehaltenden Abschrift des Protestes ist ausdrücklich zu bemerken, mit welchem Wechselstempel die protestierte Urkunde versehen oder daß sie mit einem Wechselstempel nicht versehen ist.

1. JMC. v. 29. Dez. 69 an sämtliche Gerichte und Notare. JMBl. S. 282: Nach §§ 25 u. 26 des WStG bleiben die preußischen gerichtlichen Behörden und Beamten, einschließlich der Notare, auch ferner verpflichtet, die Versteuerung der bei ihnen zur Vorlage kommenden W. und der denselben durch § 27 des Gesetzes gleichgestellten Papiere von Amts wegen zu überwachen und zu prüfen. Wahrgenommene Kontraventionen sind den — nach § 24 aaO. zur Einleitung des administrativen Strafverfahrens fortan ausschließlich zuständigen — Behörden zur Verwaltung der indirekten Steuern anzuzeigen. Der Justizminister erwartet, daß diese für die Bundes- und Staatsfinanzen wichtige Verpflichtung auf das sorgfältigste erfüllt werden wird. Zugleich werden die bezeichneten Behörden und Beamten auf die an die Steuerbehörden erlassene Anweisung des Herrn Finanzministers vom 19. Dez. 69, betreffend das Strafverfahren wegen W.stempelhinterziehung nach dem Bundesges. v. 10. Juni 69, mit der Aufforderung hingewiesen, die in derselben gegebenen Erläuterungen zu beachten (s. Anh. Nr. 1 und 4).

2. JMC. v. 10. Okt. 72 an sämtliche Gerichte und Notare. JMBl. S. 267: Notare, Gerichtspersonen und andere Be-

amte, welche W.proteste ausfertigen, sind insbesondere verbunden, sowohl in dem Proteste als in dem über die Protestation etwa aufzunehmenden Protokolle ausdrücklich zu bemerken, mit welchem Stempel die protestierten Urkunden versehen, oder daß sie mit einem Bundesstempel nicht versehen sind. Nach der Mitteilung des Herrn Finanzministers beschränken sich die Notare und Gerichtsbeamten bei der Aufnahme von Protesten darauf, daß sie in dem Proteste bemerken, mit welchem Stempel der protestierte Wechsel usw. versehen, oder daß er mit einem Bundesstempel nicht versehen sei, ohne zu prüfen, ob die Versteuerung richtig und rechtzeitig erfolgt sei. Hierdurch wird der im ersten Satze des § 26 den gedachten Beamten auferlegten Pflicht, die vorschriftsmäßige Versteuerung zu prüfen, nicht genügt. Der § 26 im Zusammenhange mit §§ 14 und 15 ergibt, daß eine vorschriftsmäßige Verwendung des Stempels nur dann anzunehmen ist, wenn der W. entweder auf einem mit dem erforderlichen Bundesstempel versehenen Blankett ausgestellt, oder die Verwendung der erforderlichen Bundesstempelmarken auf dem W. nach Maßgabe der vom Bundesrat erlassenen Vorschriften über die Art und Weise der Verwendung erfolgt ist. Da die Kassation der Stempelmarken selbst nicht mehr amtlich erfolgt, sondern von jedem Privatmann bewirkt werden kann, so ist eine Überwachung der für das Aufkleben und die Kassierung der Marken gegebenen Vorschriften um so mehr unerläßlich, als diese Vorschriften die einzige Gewähr für die Rechtzeitigkeit der Versteuerung und zur Verhütung des mehrmaligen Gebrauchs derselben Marke bilden. Um den mit der Aufsicht des Stempelwesens beauftragten Beamten möglichst instand zu setzen, sich bei der Revision der W.proteste eine Überzeugung darüber zu schaffen, ob den gesetzlichen Vorschriften entsprochen ist, werden die Gerichtsbeamten und Notare zugleich angewiesen, in den nach § 88 der WO. zu nehmenden beglaubigten Abschriften der W. und Anweisungen die Stelle, wo die Stempelmarke aufgeklebt worden, zu bezeichnen, sowie die Art und Weise der Kassation durch Abschrift des Kassationsvermerks ersichtlich zu machen.

3. Wenn ein Notar es unterläßt, eine bei Aufnahme eines W.protestes zu seiner Kenntnis gekommene Zuwiderhandlung gegen dieses Gesetz bei der zuständigen Behörde zur Anzeige zu bringen, so ist dies eine Verletzung der Amtspflichten und als solche nach den Disziplinargesetzen strafbar. OTE. 17. Sept. 75; JMBl. 76 26.

4. E. des MdJ. v. 3. Jan. 70: Nach den Vorschriften in den §§ 25 und 26 des WStG. bleiben die Behörden und Beamten, denen eine richterliche oder Polizeigewalt anvertraut ist, auch nach dem 1. Jan. 70 verpflichtet, die Versteuerung der bei ihnen vorkommenden W. und Anweisungen zu prüfen und wahrgenommene Kontraventionen von Amts wegen zur Anzeige zu bringen. Nur insofern tritt eine erhebliche Änderung ein, als fortan die Einleitung des administrativen Strafverfahrens nach § 23 des WStG. den Behörden der Verwaltung der indirekten Steuern obliegt. Nachdem diese letzteren von dem Herrn Finanzminister auf die ihnen auferlegten Verpflichtungen hingewiesen und unter dem 19. Dez. pr. mit einer Anweisung versehen sind (s. im Anhang Nr. 1), finde ich mich veranlaßt, die Behörden meines Ressorts auf die Fortdauer der eingangs erwähnten Pflichten noch besonders aufmerksam zu machen. Ich veranlasse demnach die Königliche Regierung, sämtliche ihr nachgeordneten Behörden und Beamten, denen eine Polizeigewalt anvertraut ist, auf die bezüglichen Vorschriften des WStG. hinzuweisen und denselben die sorgfältige Prüfung der bei ihnen vorkommenden W. und Anweisungen mit Rücksicht auf ihre Stempelpflichtigkeit, sowie die Anzeige wahrgenommener Kontraventionen aufzugeben.

5. Auch die in Betracht kommenden Postdienststellen haben Anweisung erhalten, die bei Entdeckung von Zuwiderhandlungen

gegen das WStG. zu fertigenden W.abschriften den Steuerbehörden in beglaubigter Form vorzulegen. FM. 11. Sept. 11 III 15335.

6. Das Protestregister hat öffentlichen Glauben, und die Eintragungen, welche in dasselbe unter Verantwortlichkeit des Notars und kraft seines Amtes geschehen, sind nicht bloß als einfache unbeglaubigte Abschriften, sondern nach AGO. I 10 § 123 als öffentliche Urkunden anzusehen. Dies gilt nicht nur von der nach Art. 88 der WO. in den Protest aufzunehmenden wörtlichen Abschrift des W., sondern nach § 26 Abs. 2 des WStG. auch von demjenigen, was in dem Protest über die geschehene Verwendung der Stempelmarke gesagt ist. RGE. 7. Mai 80. ZBl. 81 102, 103.

7. Beglaubigte W.abschriften, welche bei Anzeigen von Zuwiderhandlungen gegen das WStG. der Steuerbehörde eingereicht werden, sind stempelfrei. — Erklärung des Bundeskommissars bei der Beratung des Gesetzes im Reichstage. Stenogr. Ber. 2 1206 ff.

§ 27. Die Vorschriften dieses Gesetzes finden entsprechende Anwendung:

1. auf Verpflichtungsscheine über die Zahlung von Geld, sofern sie durch Indossament übertragen werden können,
2. auf Anweisungen über die Zahlung von Geld, sofern sie durch Indossament übertragen werden können oder auf den Inhaber lauten oder sofern die Zahlung an jeden Inhaber bewirkt werden kann.

Es macht keinen Unterschied, ob die im Abs. 1 bezeichneten Urkunden in Form von Briefen oder in anderer Form ausgestellt werden.

Befreit von der Stempelabgabe sind Schecks mit der im § 29 Abs. 2 des Scheckgesetzes[1]) vorgesehenen Ausnahme sowie die statt der Barzahlung dienenden auf Sicht zahlbaren Platzanweisungen, die nicht Schecks sind. Eine auf die Urkunde gesetzte Annahmeerklärung macht den Scheck oder die Platzanweisung steuerpflichtig, sofern der Annahmeerklärung rechtliche Wirkung zukommt. Die Versteuerung muß erfolgen, ehe der Akzeptant den Scheck oder die Platzanweisung aus den Händen gibt.

In welchen Fällen Anweisungen, die an einem Nachbarorte des Ausstellungsorts zahlbar sind, den Platzanweisungen gleichzuachten sind, bestimmt der Bundesrat nach Maßgabe der örtlichen Verhältnisse.

AusfB. § 15.

1. Die neue Fassung des § 24 Abs. 1 — jetzt § 27 — will unter Festhaltung des bisher verfolgten Zweckes, „diejenigen Urkunden mit der Stempelpflicht zu treffen, die sich vermöge ihrer Natur der Natur des W. nähern und den W. sehr leicht zu ersetzen geeignet sind, ein in der Regel indossables Papier", im wesentlichen nur der veränderten Gesetzgebung Rechnung tragen.

An Stelle der an Order lautenden Zahlungsversprechen sind als stempelpflichtig bezeichnet Verpflichtungsscheine über die Leistung von Geld, sofern sie durch Indossament übertragen werden können. Dies ist nach § 363 Abs. 1 HGB. der Fall bei Verpflichtungsscheinen, die von einem Kaufmann über Gegenstände der bezeichneten Art an Order ausgestellt sind, ohne daß darin die Leistung von

---

[1]) Der § 29 mit den in ihm weiter angeführten Paragraphen des Scheckges. ist unter Anm. 3 abgedruckt.

einer Gegenleistung abhängig gemacht ist. Andere an Order lautende Verpflichtungsscheine über die Leistung von Geld sind, da Art. 304 des Allg. deutschen HGB. in das neue HGB. keine Aufnahme gefunden hat, nach inländischem Recht nicht indossierbar. Soweit unter ausländischem Recht an Order ausgestellte Verpflichtungsscheine, auch dann, wenn sie nicht von Kaufleuten ausgestellt sind, durch Indossament übertragen werden können, unterliegen sie beim Vorhandensein der sonstigen Voraussetzungen des Gesetzes auch nach der neuen Fassung der Stempelpflicht.

Das Recht der Anweisungen ist gegenwärtig als ein selbständiges Rechtsinstitut in Buch 2 Abschn. 7 Titel 21 des BGB. allgemein geregelt. Nach § 783 liegt eine Anweisung vor, wenn jemand eine Urkunde, in der er einen anderen anweist, Geld, Wertpapiere oder andere vertretbare Sachen an einen Dritten zu leisten, dem Dritten aushändigt. Dem HGB. sind die Vorschriften über die Übertragung durch Indossament vorbehalten geblieben. § 363 das. bestimmt in dieser Hinsicht, daß Anweisungen, die auf einen Kaufmann über die Leistung von Geld, Wertpapieren oder anderen vertretbaren Sachen ausgestellt sind, ohne daß darin die Leistung von einer Gegenleistung abhängig gemacht ist, durch Indossament übertragen werden können, wenn sie an Order lauten. Andere Orderanweisungen über die Leistung an Geld sind, da Art. 304 des früheren HGB. in das neue Recht nicht herübergenommen ist, abgesehen von den reichsrechtlich besonders geregelten Schecks, nicht indossabel. Dem Bedürfnis, einer Umgehung des W.stempels durch Besteuerung der zum Ersatz für den W. geeigneten Anweisungen zu begegnen, scheint ausreichend genügt, wenn die Stempelpflichtigkeit für die durch Indossament übertragbaren Anweisungen über die Leistung von Geld und daneben noch über diejenigen Anweisungen dieser Art ausgesprochen wird, welche auf den Inhaber lauten oder bei denen die Leistung an jeden Inhaber bewirkt werden kann. Begr. S. 13 (09I).

2. Die Aenderung des bisherigen § 24 Abs. 2 Nr. 1 ist durch das Scheckgesetz vom 11. März 1908 (RGBl. S. 71) veranlaßt.

Nachdem im § 29 dieses Gesetzes bestimmt ist, welche Schecks allein als stempelfrei im Sinne des § 24 Abs. 2 Nr. 1 des W.stempelsteuergesetzes sollen angesehen werden dürfen, erübrigt es sich hier, eine nähere Begriffsbestimmung des stempelfreien Schecks zu geben.

Die Vorschrift, daß eine auf die Urkunde gesetzte Annahmeerklärung den Scheck stempelpflichtig macht, hat zwar auch gegenwärtig noch insoweit ihre Berechtigung, als nach einigen auswärtigen Scheckgesetzgebungen (Frankreich, England) im Widerspruch mit dem Zwecke des Schecks, als Zahlungsmittel zu dienen, dem Akzept eine selbständige rechtliche Wirksamkeit beigelegt ist. Hinsichtlich des inländischen Schecks entfällt dagegen ein Grund, durch eine auf die Urkunde doch gesetzte Annahmeerklärung den Scheck stempelpflichtig werden zu lassen, da nach § 10 Satz 2 des Scheckgesetzes ein auf den Scheck gesetzter Annahmevermerk als nicht geschrieben gilt, einem solchen Vermerk also nicht bloß die scheckrechtliche, sondern überhaupt jede zivilrechtliche Wirkung entzogen ist. Begr. S. 13 u. 14 (09I).

3. Die betreffenden Bestimmungen des Scheckgesetzes lauten:

§ 29. Im Sinne des § 24 des Gesetzes, betreffend die W.stempelsteuer, vom 10. Juni 1869 (Bundesgesetzbl. S. 193ff.) sind als Schecks, für welche die Befreiung von der W.stempelabgabe bestimmt ist, diejenigen Urkunden anzusehen, die den Anforderungen der §§ 1, 2, 7, 25, 26 des gegenwärtigen Gesetzes entsprechen.

Die Vorschrift des Abs. 1 findet keine Anwendung auf Schecks, welche vor dem auf ihnen angegebenen Ausstellungstag in Umlauf gesetzt sind. Für die Entrichtung der Abgabe haftet als Gesamtschuldner jeder, der am Umlaufe des Schecks im Sinne des § 5 des Gesetzes, betreffend die Wechselstempelsteuer im Inlande, vor dem Ausstellungstage teilgenommen hat.

§ 1. Der Scheck muß enthalten:

1. *die in den Text aufzunehmende Bezeichnung als Scheck oder, wenn der Scheck in einer fremden Sprache ausgestellt ist, einen jener Bezeichnung entsprechenden Ausdruck in der fremden Sprache;*
2. *die an den Bezogenen gerichtete Anweisung des Ausstellers, aus seinem Guthaben eine bestimmte Geldsumme zu zahlen;*
3. *die Unterschrift des Ausstellers;*
4. *die Angabe des Ortes und des Tages der Ausstellung.*

§ 2. Als Bezogene sollen nur bezeichnet werden:

1. *diejenigen Anstalten des öffentlichen Rechtes, diejenigen unter staatlicher Aufsicht stehenden Anstalten, sowie diejenigen in das Genossenschaftsregister eingetragenen Genossenschaften, welche sich nach den für ihren Geschäftsbetrieb maßgebenden Bestimmungen mit der Annahme von Geld und der Leistung von Zahlungen für fremde Rechnung befassen, ferner die unter amtlicher Aufsicht stehenden Sparkassen, wenn sie die nach Landesrecht für sie geltenden Aufsichtsbestimmungen erfüllen;*
2. *die in das Handelsregister eingetragenen Firmen, welche gewerbsmäßig Bankiergeschäfte betreiben.*

§ 3. Als Guthaben ist der Geldbetrag anzusehen, bis zu welchem der Bezogene nach dem zwischen ihm und dem Aussteller bestehenden Rechtsverhältnisse Schecks einzulösen verpflichtet ist.

§ 7. Der Scheck ist bei Sicht zahlbar. Die Angabe einer anderen Zahlungszeit macht den Scheck nichtig.

§ 25. Im Auslande zahlbare Schecks dürfen auch auf solche Bezogene lauten, auf die nach dem ausländischen Rechte ein Scheck gezogen werden darf.

§ 26. Die wesentlichen Erfordernisse eines im Ausland ausgestellten Schecks sowie jeder im Ausland auf einen Scheck gesetzten Erklärung werden nach den Gesetzen des Ortes beurteilt, an welchem die Ausstellung oder die Erklärung erfolgt ist.

Entspricht jedoch der im Ausland ausgestellte Scheck oder die im Ausland auf einen Scheck gesetzte Erklärung den Anforderungen des inländischen Gesetzes, so kann daraus, daß nach ausländischem Gesetz ein Mangel vorliegt, kein Einwand gegen die Rechtsverbindlichkeit der später im Inland auf den Scheck gesetzten Erklärungen entnommen werden. Auch ist die im Ausland erfolgte Ausstellung eines im Inlande zahlbaren Schecks sowie die auf einen solchen Scheck im Auslande gesetzte Erklärung wirksam, wenn sie auch nur den Anforderungen des inländischen Gesetzes entspricht.

4. Von der American Express Company in Neuyork wurden sog. Travelers Cheques (Reiseschecks) ausgegeben, die folgendermaßen lauten:

7 449 525

When Countersigned Below With.

This Signature . . . . 19 . .

American Express Company

At Its Paying Agencies.

Will pay to the Order of . . . . $ 10,00.

In United States And Canada:

Ten Dollars usw. (es folgen die verschiedenen Länder mit ihren Währungen, darunter Deutschland mit 41,65 M.).

Countersigned. (See Signature Above: Unterschrift. Treasurer.

Diese Reiseschecks sind als an Order lautende Zahlungsversprechen oder als indossabele Verpflichtungsscheine über die Zahlung von Geld nach § 27 WStG. stempelpflichtig. Nach Inhalt der Papiere, die von der American Express Company, vertreten durch ihren Schatzmeister (Treasurer), ausgestellt sind, will die Gesellschaft bei ihren Zahlstellen, insbesondere auch bei denen im Deutschen Reich, an die Order des . . . eine bestimmte Summe zahlen. Der Erwerber (Käufer) setzt bereits beim Ankauf seinen Namen oben an die dazu bestimmte Stelle. Die Verwertung erfolgt nicht nur durch Einziehung des Betrages bei der Zahlstelle, sondern auch durch Hingabe in Zahlung an Hotelwirte usw. Ein Indossament wird nie auf den Scheck gesetzt: Von einem Scheck nach deutschem und englisch-amerikanischem Recht, d. h. einer Anweisung, mittels deren der Aussteller über ein Guthaben bei der bezogenen Bank usw. verfügt, kann nach dem Wortlaut keine Rede sein, weil die Company nicht einen Dritten zur Zahlung anweist, sondern erklärt, daß sie bei ihren Zahlstellen (paying agencies) zahlen werde. Die genannten Zahlstellen sind nicht Bezogene, sondern Gehilfen oder Beauftragte der Company. Der Erwerber hat die Wahl des Ortes, wo die Zahlung erfolgen soll, er also bestimmt den Erfüllungsort, so daß auch nach § 1 in Verbindung mit § 27 WStG. keine St.freiheit eintritt. Soweit deutsche Zahlstellen in Betracht kommen, sind die Reiseschecks auch im Inland zahlbar.

Gibt der Käufer das Papier weiter, so weist er den Nachmann nicht auf ein ihm zur Verfügung stehendes Guthaben an, sondern er überträgt ihm die Rechte aus dem Papier; der von ihm beim Ankauf gezahlte Preis verschafft ihm kein Guthaben, sondern ist die Gegenleistung für das in der Urkunde verbriefte Zahlungsversprechen. Ob im Einzelfall von der Orderklausel Gebrauch gemacht wird, ist ohne Bedeutung. Auch die wirtschaftliche Verwandtschaft, daß die Reiseschecks gleich wirklichen Schecks und Banknoten als Ersatz der Barzahlung dienen, vermag bei dem Vorliegen der Form des Verpflichtungsscheines an Order die Freilassung vom WSt. nicht zu rechtfertigen. RG. 10. Mai 12. Bl. f. d. d. FW. S. 285. Entsch. Bd. 79 S. 342.

5. Das Gesetz verlangt für den Scheck, wenn er steuerfrei sein soll, ausdrücklich, daß er eine Anweisung auf das Guthaben des Ausstellers sein müsse. Wenn daher der Richter verlangt, daß dieses Erfordernis aus dem Scheck selbst hervorgehen müsse, so geht er nicht über die Requisite hinaus, welche das Gesetz verlangt, sondern er fordert nur das, was auch das Gesetz ausdrücklich fordert. RGE. v. 28. Mai 92, ZBl. für 93 46/47. Entsch. in Straff. 23 216.

6. Der Ausdruck „Guthaben" ist nicht bloß auf ein bares Guthaben des Scheckausstellers bei seinem Bankier zu beschränken, dieses Guthaben kann vielmehr auch in Wertpapieren, Depositen und selbst in einem von dem Bankier, dem Scheckaussteller eröffneten Kredit bestehen.

Würde ein Scheck über einen Betrag lauten, der das dem Aussteller zustehende Guthaben übersteigt, so würde nicht bloß in Höhe des Mehr, sondern in Höhe der ganzen Schecksumme der W.stempel fällig sein; dem Aussteller bleibt in Fällen dieser Art überlassen, zwei Schecks auszustellen, von denen der eine über das Guthaben lautend, dann steuerfrei wäre. FME. v. 29. Jan. 01. III 1176. — Vgl. Entsch. in Straff. 18 158.

7. Unter den als stempelfrei bezeichneten Schecks sind, entsprechend der dort beigefügten Begriffsbestimmung, nur Anweisungen auf das Guthaben des Ausstellers bei dem dessen Zahlungen besorgenden Bankhause oder Geldinstitut zu verstehen, so daß Anweisungen auf das Guthaben des Ausstellers bei einem Privatmann, der Inkassi für ihn besorgt, nicht unter den Begriff des Schecks fallen. FME. v. 19. Dez. 96. III 17126.

8. Die Firma P. in Br. wünschte über einen Betrag von 100000 M. in Berlin zu verfügen, und ersuchte deshalb die Bank M. in H., ihr aus ihrem Guthaben bei diesem Bankhause die genannte Summe bei einer Bank in Berlin anzuweisen. M. beauftragte darauf die Kgl. Seehandlung, aus ihrem Guthaben den Betrag von 100000 M. zur Verfügung von P. zu halten; die Seehandlung erklärte sich damit einverstanden. Hiervon wurde P. durch M. verständigt; zwischen P. und der Seehandlung fand ein Meinungsaustausch nicht statt. P. stellte darauf eine Anweisung folgenden Wortlauts aus:

Br., den 19. April 1907.

Generaldirektion der Kgl. Seehandlung, Berlin.

Zahlen Sie gegen diesen Scheck aus unserem Guthaben an Herrn D. oder Order 100000 M.

P.

Die Seehandlung löste diesen Scheck ein und entwertete auf ihm den entsprechenden W.stempel. P. klagte auf Rückzahlung des Stempels. Das RG. entsprach dem Klagebegehr mit folgenden Ausführungen:

Es unterliegt keinem Zweifel, daß P. zur Zeit der Vorlegung des Schecks ein Guthaben von 100000 M. bei der Seehandlung hatte; die Zahlung ist nicht etwa aus dem Guthaben der Bank M. erfolgt, es ist vielmehr nur das Guthaben der Firma P. bei der Seehandlung aus dem Guthaben der Bank M. entnommen.

Es fehlt auch hier nicht an einem Scheckvertrage, wonach der Bezogene zur Einlösung des Schecks des Ausstellers bis zu bestimmter Höhe verpflichtet ist (§ 3 des Scheckges.). P. wollte in Berlin über 100000 M. verfügen können; die Seehandlung erklärte sich bereit, den Betrag der Firma P. zur Verfügung zu halten. Die Verfügung durfte mangels Einschränkung auch mittels Schecks erfolgen. Dieses Einverständnis in Verbindung mit der Beschaffung des Guthabens genügte zum Abschluß des Scheckvertrages.

Für die Stempelpflicht ist es einerlei, ob über das Scheckguthaben auf einmal durch einen Scheck oder gleichzeitig oder nach und nach in Teilbeträgen durch mehrere Schecks verfügt wird. Es kann ferner nicht verlangt werden, daß der Bezogene etwa in dauerndem, laufendem Geschäftsverkehr mit dem Aussteller stehe, kraft dessen er auch sonstige Zahlungen für diesen besorgt.

Zu der vom RG. noch nicht entschiedenen Frage, ob die Stempelfreiheit an die wirkliche Existenz der beiden Merkmale, nämlich, daß ein Guthaben besteht und daß der Bezogene das die Zahlungen besorgende Bankhaus ist, geknüpft ist, hat das Urteil Stellung nicht genommen; es erwähnt nur die Entsch. des I. Strafs. v. 6. Febr. 1888 (Rechtspr. Bd. 10 S. 94) und v. 28. Mai 1892 (Entsch. Bd. 23 S. 216), welche den Urkundeninhalt anscheinend entscheidend sein lassen, während das Urteil des Reichsoberhandelsgerichts vom 24. Okt. 74 (Entsch. Bd. 19 S. 73) bei dem Nachweis, daß ein Guthaben nicht bestanden habe, den Scheck für stempelpflichtig erklärt habe. RG. 4. Mai 09, Bd. 71 S. 119.

§ 28. **Urkunden, welche nach diesem Gesetze stempelpflichtig sind oder auf welche die in diesem Gesetze vorgesehenen Stempelbefreiungen Anwendung finden, sind in den einzelnen Bundesstaaten keiner Abgabe unterworfen.**

Auch von den auf derartige Urkunden gesetzten Übertragungsvermerken, Quittungen und sonstigen auf die Leistungen aus diesen Papieren bezüglichen Vermerken dürfen landesgesetzliche Abgaben nicht erhoben werden. Auf Proteste findet diese Vorschrift keine Anwendung.

1. Durch die Wahl des allgemeinen Ausdrucks „Abgabe“ soll außer Zweifel gestellt werden, daß auch die unter der Bezeichnung von Taxen, Sporteln, Gebühren

erhobenen Abgaben unter das Verbot fallen. Keiner besonderen Hervorhebung wird es bedürfen, daß ein auf die W.urkunde gesetzter Protest nicht als Vermerk im Sinne des § 25 Abs. 2 — jetzt § 28 — anzusehen ist und daher die Vorschriften über die Erhebung der Protestgebühren vom § 28 nicht berührt werden. Begr. S. 15 (09 I).

2. Zu dem auf dem Wechsel befindlichen Beglaubigungsattest ist der für amtliche Atteste in Privatsachen vorgeschriebene preußische Stempel fällig, weil die Bestimmung des § 28 Abs. 2 des WStG., wonach von den auf W. gesetzten Indossamenten usw. landesgesetzliche Stempelabgaben nicht weiter erhoben werden sollen, auf Unterschriftsbeglaubigungen keine Anwendung finden kann, da diese nicht zu den Vermerken der dort bezeichneten Art gehören. FME. 21. Juli 91. III 10308.

3. Zu trocknen W. nach Art des auf der folgenden Seite befindlichen Musters, in denen der Aussteller zur Sicherung des W.gläubigers eine Urkunde verpfändet, kann ein weiterer Stempel, als der W.stempel, nicht verlangt werden. Der Erhebung eines Sicherstellungsstempels (Tarifst. 59 des Preuß. Stempelsteuerg. 31. Juli 95) für die Verpfändungserklärung würden die Vorschriften des § 28 Abs. 2 des WStG. und der Tarifst. 59 Abs. 2 des zit. Ges. vom 31. Juli 95 entgegenstehen. FME. v. 7. Okt. 98. III 13846.

4. Die Vorschrift des § 28 Abs. 2 WStG. kann auf vollständige W. eingeschränkt werden; die Verpfändungserklärungen in unvollständigen, aber versteuerten W. sind deshalb nicht landesstempelpflichtig. FME. 28. Mai 97. III 2797.

Erklären aber die W.bürgen auf trocknen Wechseln mit dem Hauptschuldner solidarisch auch im Fall der Prolongation und nach Ablauf der W.verjährungsfrist bis zur Zahlung der ganzen Schuld haften zu wollen, so würde der Sicherstellungsstempel fällig sein, wenn nicht Abs. 2

§ 28.

Solawechsel.

Für Mark ....

Gegen diesen meinen Solawechsel zahle ich

am .... ten .... 19 ....

an die Order ....

die Summe von ....

den Wert habe ich bar erhalten und akzeptiere auf mich selbst.

Zur mehreren Sicherheit übergebe ich und verpfände ich .... nachstehendes Dokoment.

Ich willige darin, daß mein Kreditor oder dessen Rechtsnachfolger für den Fall, daß ich zur Verfallzeit nicht prompte Zahlung leiste, sich sofort und ohne weiteres aus dem übergebenen Pfande an Kapital, Zinsen und allen Kosten der Beitreibung des Kapitals und der Zinsen bezahlt mache und entsage dem mir nach § 46 Tit. 20 Tl. I d. ALR. zustehenden Rechte, verlangen zu dürfen, daß der Gläubiger seine Befriedigung aus dem bestellten Pfande suchen müsse, sondern überlasse es demselben, sich auch an mein sonstiges Vermögen und an meine Person zu halten.

.............................., den ....ten .... 19 ....

Nr. ....

der Tarifstelle 59 des Landesstempelgesetzes entgegenstände. FMG. 4. Okt. 97. III 12488.

§ 29. Der Ertrag des Wechselstempels fließt in die Reichskasse.

Jedem Bundesstaate wird von der jährlichen Einnahme, welche in seinem Gebiet aus dem Verkaufe von Stempelmarken oder gestempelten Vordrucken erzielt wird, der Betrag von zwei vom Hundert aus der Reichskasse gewährt.

§ 30. Die zur Ausführung dieses Gesetzes nötigen Bestimmungen[1]) werden vom Bundesrate getroffen.

Der Bundesrat erläßt insbesondere die Anordnungen wegen der Anfertigung und des Vertriebs der nach Maßgabe dieses Gesetzes zu verwendenden Stempelmarken und gestempelten Vordrucke sowie die Vorschriften über die Art der Verwendung der Marken. Er stellt die Bedingungen fest, unter welchen für verdorbene Marken und Vordrucke Erstattung zulässig ist.

AusfB. §§ 10—14.

§ 31. Dieses Gesetz tritt mit dem 1. August 1909 in Kraft.

Auf die vor dem 1. April 1909 ausgestellten inländischen oder von dem ersten inländischen Inhaber

---

[1]) Die Ausführungsvorschriften des Bundesrats vom 26. Juli 09 (RZBl. S. 402) sind bei den einzelnen Paragraphen des Gesetzes, zu denen sie gehören, angeführt und im Abschn. II besonders mit Anmerkungen zum Abdruck gebracht.

aus den Händen gegebenen ausländischen Wechsel finden die Vorschriften des § 16 mit der Maßgabe Anwendung, daß die Verjährungsfrist von dem Tage des Inkrafttretens des Gesetzes vom 4. März 1909 an gerechnet wird, falls die Wechsel vor diesem Zeitpunkte fällig waren.

In diesem Gesetze für stempelpflichtig erklärte inländische Urkunden und Schriften, welche vor dem im Abs. 1 bezeichneten Zeitpunkt ausgestellt oder unter der im § 2 bezeichneten Vereinbarung übergeben worden sind, sowie ausländische derartige Urkunden und Schriften, die vor jenem Zeitpunkt ins Inland eingebracht worden sind, unterliegen der weiteren Abgabe (§ 3 Abs. 2), sofern sie zu jenem Zeitpunkte noch nicht zahlbar waren. Die Verpflichtung zur Entrichtung der weiteren Abgabe tritt mit dem angegebenen Zeitpunkt ein, sofern nicht nach den sonstigen Vorschriften dieses Gesetzes ein späterer Zeitpunkt maßgebend ist. Mit der weiteren Abgabe ist gleichzeitig die im § 3 Abs. 1 angeordnete Stempelabgabe zu entrichten, sofern ihre Entrichtung nicht bereits erfolgt ist.

Für das Gebiet der Insel Helgoland wird der Zeitpunkt des Inkrafttretens des Gesetzes durch Kaiserliche Verordnung unter Zustimmung des Bundesrats festgesetzt.

1. Die hinsichtlich der Verjährung des Anspruchs auf Entrichtung des Stempels getroffene Vorschrift erscheint mit Rücksicht darauf erforderlich, daß diese Ansprüche nach bisherigem Recht einer Verjährung überhaupt nicht unterlagen. Dagegen bedarf es wegen der vor dem Inkrafttreten des Gesetzes begangenen, aber erst nach diesem Zeitpunkt abzuurteilenden Zuwiderhandlungen im Hin-

blick auf § 2 Abs. 2 StGB. einer besonderen Übergangsvorschrift nicht. Begr. S. 15 (09 I).

2. Nach dem 31. Juli 09 zahlbare W., bei denen der Ausstellungstag weiter als drei Monate vor dem 1. Aug. 09 zurückliegt, sind so zu behandeln, als ob der dreimonatige Zeitraum, von dessen Vollendung die weitere Stempelpflicht abhängt, mit dem 31. Juli 09 abgelaufen wäre. Die weitere Stempelabgabe für einen solchen W. ist mithin Anfang Aug. 09 für die Zeit vom 1. Aug. 09 bis 30. April 10 — und gemäß Abs. 3 Satz 3, soweit dies noch nicht geschehen war, gleichzeitig die Stempelabgabe aus § 3 Abs. 1 d. G. — erstmals zu entrichten gewesen, und, wenn der W. auch zu diesem Zeitpunkt noch nicht fällig ist, für je weitere sechs Monate bis zum Verfalltage zu Beginn des weiteren Zeitraums zu entrichten.

Beträgt die vor dem 1. Aug. 09 gelegene Lauffrist eines W. weniger als drei Monate, so tritt die weitere Abgabepflicht erst mit dem Ablauf des dreimonatlichen Zeitraums, vom Ausstellungstage an gerechnet, ein. BFM. 9. März 10. Bl. f. d. d. FW. S. 92.

Abschnitt II.

Ausführungsbestimmungen zum Wechselstempelgesetze vom 15. Juli 1909.

Beschluß des Bundesrats vom 26. Juli 1909.

(RGBl. S. 401.)

Zu § 3 des Gesetzes.

§ 1. Ist bei Wechseln, welche mit dem Ablauf einer bestimmten Frist nach Sicht zahlbar sind, die Frist in Tagen ausgedrückt, so werden 90 Tage einem Zeitraume von drei Monaten gleichgestellt.

Zu § 4 des Gesetzes.

Umrechnung fremder Währungen.

§ 2. Behufs Umrechnung der in einer anderen als der Reichswährung ausgedrückten Summen sind für die nachstehenden Währungen die dabei bemerkten Mittelwerte allgemein zugrunde zu legen:

1 Pfund Sterling	=	20,40 M.
1 Frank, Lira, Peseta (Gold), Löu, finnische Mark	=	0,80 „
1 österreichischer Gulden (Gold)	=	2,00 „

[1]) Diejenigen ausländischen Währungen, für welche der Bundesrat einen Mittelwert nicht festgesetzt hat, sind zum Börsenkurse in die inländische Währung umzurechnen. FME. 9. Febr. 82, III 1490, ZBl. S. 48.

1 österreichischer Gulden (Währung)	=	1,70 M.
1 österreichisch-ungarische Krone	=	0,85 „
1 Gulden holländischer Währung	=	1,70 „
1 skandinavische Krone	=	1,125 „
1 alter Goldrubel	=	3,20 „
1 Rubel 1 alter Kreditrubel	=	2,16 „
1 türkischer Piaster	=	0,18 „
1 Peso (Gold)	=	4,00 „
1 Dollar	=	4,20 „
1 alter japanischer Goldyen	=	4,20 „
1 japanischer Yen	=	2,10 „
1 deutsch-ostafrikanische oder indische Rupie	=	1,35 „
1 mexikanischer Golddollar	=	2,10 „

Zu §§ 14 und 15 des Gesetzes.

Art und Vertrieb der Stempelzeichen.

§ 3. Zum Zwecke der Entrichtung der Abgabe und der weiteren Abgabe werden Stempelmarken über 0,10; 0,20; 0,30; 0,40; 0,50; 1; 1,50; 2; 2,50; 3; 3,50; 4; 4,50; 5; 10; 15; 20; 25; 30; 50; 100; und 500 Mark, zur Entrichtung der Abgabe auch gestempelte Wechselvordrucke über 0,10 Mark ausgegeben. Die Verwendung aus solchen Vordrucken entfernter Stempelzeichen wird als eine Entrichtung der Abgabe oder der weiteren Abgabe nicht angesehen.

Die Marken haben die Form eines liegendes Rechtecks. Im Betrage von 0,10 bis 0,50 Mark sind sie in grüner, im Betrage von 1 bis 5 Mark in blauer Farbe hergestellt. In der linken oberen Ecke dieser Marken befindet sich ein Schild mit dem Reichsadler, von welchem sich nach rechts ein in zwei Enden auslaufendes Band mit der Inschrift „Deutscher Wechsel-Stempel" zieht. Die Marken im Betrage von 10 bis 500 Mark sind in grüner und roter Farbe hergestellt; sie sind mit dem Reichsadler und über dem letzteren sowie mehrfach am Rande mit der erwähnten Inschrift versehen. Außer der in schwarzer Farbe hergestellten Bezeichnung des Steuerbetrages und der entsprechenden Wechselsumme enthalten sämtliche Marken den Vordruck „den" zur Anbringung des Entwertungsvermerkes gleichfalls in schwarzer Farbe.

Die Wechselvordrucke tragen einen mit Verzierungen umgebenen Stempel in grüner Farbe, welcher, abgesehen von dem fehlenden Vordruck für den Entwertungsvermerk, dem Muster der Wechselstempelmarken entspricht.

§ 4. Der Vertrieb der Wechselstempelmarken und gestempelten Vordrucke erfolgt durch die Postanstalten. Wechselstempelmarken zum Werte von 10, 20 und 30 Pfennig werden bei allen Postämtern und bei denjenigen sonstigen Poststellen, bei welchen sich ein Bedürfnis hierfür herausstellt, verkauft. Die Verkaufsstellen für Wechselstempelmarken von höherem Werte und für gestempelte Vordrucke werden nach den örtlichen Verhältnissen bestimmt und zur öffentlichen Kenntnis gebracht[2]).

Entwertung der Marken.

§ 5. Die Marken sind auf der Rückseite der Urkunde, und zwar, wenn diese noch unbeschrieben und mit Wertzeichen noch

---

[2]) Um der Postverwaltung die Bestimmung der Verkaufsstellen für W.stempelmarken zu 100 M. und 500 M. (§ 4 der AusfBest.) zu erleichtern, hat die Oberzolldirektion von jedem Falle, in dem einer Versicherungsaktiengesellschaft die Entrichtung der weiteren W.stempelabgabe gestattet wird (vgl. Anm. 2 bei § 3 d. G.) oder in dem die gleiche Erlaubnis an andere Wechselinhaber gegeben wird, der Postverwaltung unverzüglich Mitteilung zu machen. Erscheint nach Maßgabe des halbjährlich zu entrichtenden W.stempelbetrages die Bereitstellung von Marken zu jenen Werten nicht geboten, so bedarf es dieser Mitteilung nicht. FM. 2. Juni 10, III 10949.

nicht beklebt ist, unmittelbar an einem Rande dieser Seite, andernfalls unmittelbar unter dem letzten Vermerk (Indossament usw.) oder, sofern ein solcher nicht vorhanden ist, unmittelbar neben oder unter den bereits angebrachten Marken auf einer mit Buchstaben oder Ziffern nicht beschriebenen oder bedruckten Stelle aufzukleben[3]).

---

[3]) a) Eine W.stempelmarke, welche nicht an der vorschriftsmäßigen Stelle aufgeklebt ist, gilt als nicht verwendet. OTE. 13. Sept. 71. OR. 12 442. So ist dem Erfordernisse der Stempelverwendung nicht genügt, wenn die Marke nicht unter, sondern über ein auf dem W. befindliches Blankogiro aufgeklebt wird (s. AB. §§ 5 u. 7). OTE. 20. Nov. 74. OR. 15 805.

b) In einem Falle endete die Unterschrift, hinter welcher die Stempelmarke aufzukleben war, mit einem Schlußschwunge, der ziemlich senkrecht nach unten und etwas nach links sich wendet, so daß von dem linken Rande des W. noch ein breiter Raum frei blieb. Die Stempelmarke war auf dem Raume unterhalb des Schlußschwunges aufgeklebt. Das vom Angeklagten angefochtene Urteil nimmt an, daß diese Stempelmarke unmittelbar unter die Unterschrift und neben den Schlußschwung hätte geklebt werden sollen, und gelangt so zur Verurteilung des Angeklagten wegen W.stempelhinterziehung. Die Revision ist verworfen. Dem Schlußschwunge sei für die Frage, ob die Marke unmittelbar unter den Buchstaben der letzten Unterschrift oder erst unter dem Schlußschwunge anzubringen sei, eine entscheidende Bedeutung nur dann beizumessen, wenn der Schwung den Zwischenraum derartig decke, daß durch ihn zum mindesten die Anbringung eines weiteren Vermerks zwischen

Es ist gestattet, zur Entrichtung der Abgabe oder der weiteren Abgabe mehrere, zusammen den erforderlichen Betrag darstellende Wechselstempelmarken zu verwenden. Ferner ist es zulässig, bei Ausstellung des Wechsels auf einem gestempelten Vordrucke den an dem vollen gesetzlichen Betrage der Abgabe etwa noch fehlende Teil durch vorschriftsmäßig auf der Rückseite zu verwendende Stempelmarken zu ergänzen.

Kommen zur Entrichtung der Abgabe oder der weiteren Abgabe mehrere Marken zur Verwendung, so sind sie an dem gewählten Rande zunächst nebeneinander aufzukleben; reicht der hierzu zur Verfügung stehende Raum nicht mehr aus, so sind die weiteren Marken unmittelbar unter den bereits angebrachten aufzukleben.

§ 6. In jeder einzelnen der aufgeklebten Marken muß Tag, Monat und Jahr der Verwendung der Marke auf dem Wechsel, und zwar der Tag und das Jahr mit arabischen Ziffern, der Monat mit Buchstaben mittelst deutlicher Schriftzeichen ohne jede Auskratzung, Durchstreichung oder Überschreibung an der durch den Vordruck bezeichneten Stelle mit Tinte niedergeschrieben werden. Auch kann der Verwendungs-

---

Unterschrift und Marke ausgeschlossen erscheine, falls die Marke erst unter dem Schlußschwunge angebracht wird. Lasse dagegen, wie hier, der Schlußschwung direkt unter den Buchstaben der Unterschrift so viel Raum frei, daß bequem noch andere Vermerke eingeschoben werden können, wenn die Marke erst unterhalb des Anlaufes des Schlußschwunges angebracht wird, so entspreche es dem Zwecke der Vorschrift, wenn die Vorinstanzen verlangen, daß die Marke ohne Rücksicht auf den seitlich sich herabziehenden Schlußschwung in dem direkt unterhalb der Buchstaben der letzten Unterschrift befindlichen freien Raum anzubringen sei. RGE. 3. Dez. 94. JW. **95** 99.

vermerk auf der Marke ganz oder teilweise mittels der Schreibmaschine oder durch Stempelaufdruck hergestellt werden; in diesem Falle braucht der Vermerk nicht an der durch den Vordruck bezeichneten Stelle zu stehen[4]).

Allgemein übliche und verständliche Abkürzungen der Monatsbezeichnung mit Buchstaben sowie die Weglassung der beiden ersten Zahlen der Jahresbezeichnung sind zulässig (z. B. 29. Okt. 09, 13. Sept. 13). Auch ist es gestattet, dem Verwendungsvermerke die Firma oder den Namen des Verwendenden ganz oder teilweise hinzuzufügen.

Bei Verwendung eines gestempelten Wechselvordrucks be-

---

[4]) a) Wo bei Indossierung eines W. der Unterschrift des Indossaments das Dienstsiegel beigedrückt wird, scheint letzteres zur Unterschrift zu gehören und somit einen, wenn auch nicht gerade notwendigen Bestandteil der W.erklärung zu bilden. Die W.erklärung (der Vermerk) schließt daher erst mit dem Dienstsiegel und unter diesem dürften mithin auch erst die erforderlichen W.stempelmarken aufzukleben sein. Vfg. d. PStD. zu B. v. 4. Nov. 94.

b) Wenn der Kassierungsvermerk auf einer W.-stempelmarke ein Mehr, als nach der Bekanntm. des Reichskanzlers v. 16. Juli 81 — jetzt AB. §§ 5ff. zu § 15 d. G. — zur Entwertung der Marke erforderlich ist, insbesondere außer dem vorschriftsmäßig eingeschriebenen Datum die Anfangsbuchstaben des Wohnortes und des Namens bzw. der Firma des Kassierenden enthält, ist die Marke doch als gültig verwendet anzusehen, sofern nur die Deutlichkeit des Vermerkes und die Wertbezeichnung der Marke durch die unnötigen Zusätze nicht beeinträchtigt werden. FME. 4. Nov. 81, III 14600.

dürfen nur die etwa aufgeklebten Ergänzungsmarken, nicht auch der eingedruckte Wertstempel der Entwertung.

§ 7. Das erste inländische Indossament, welches auf die Rückseite eines Wechsels gesetzt wird, oder der erste sonstige inländische Vermerk ist — abgesehen von dem Falle der Steuerentrichtung durch Verwendung eines den ganzen gesetzlich fälligen Betrag darstellenden Wechselvordrucks — unterhalb der zur Entrichtung der Abgabe oder der weiteren Abgabe entwerteten Wechselstempelmarke niederzuschreiben, widrigenfalls die letztere dem Niederschreiber dieses Indossaments oder Vermerkes und dessen Nachmännern gegenüber als nicht verwendet gilt. Es dürfen jedoch die Vermerke „ohne Protest", „ohne Kosten" neben der Marke niedergeschrieben werden.

Die Bestimmung des Abs. 1 Satz 1 findet keine Anwendung, wenn vom Ausland auf das Inland gezogene Wechsel, nachdem sie mit einer ordnungsmäßig verwendeten Wechselstempelmarke im gesetzlichen Betrage versehen worden waren, im Auslande weiterbegeben und die ausländischen Indossamente nicht unterhalb der deutschen Wechselstempelmarke niedergeschrieben worden sind.

Dem inländischen Inhaber, welcher aus Versehen sein Indossament auf den Wechsel gesetzt hat, bevor er eine Marke aufgeklebt hatte, ist gestattet, vor der Weitergabe des Wechsels unter Durchstreichung dieses Indossaments die erforderlichen Marken unter dem letzteren aufzukleben.

§ 8. Die Bestimmung des § 15 des Gesetzes, wonach nicht in der vorgeschriebenen Weise verwendete Stempelmarken als nicht verwendet anzusehen sind, soll nicht eine Doppelversteuerung zur Folge haben, sondern es soll dadurch nur der Tatbestand einer nach den §§ 18, 20 zu ahndenden Zuwiderhandlung festgestellt werden. Abgesehen von der etwa erforderlich werdenden Einleitung des Strafverfahrens bedarf es daher nur einer nachträglichen Entwertung der Stempelmarke durch Aufdruck des Amtsstempels der Steuerbehörde, falls der Wechsel vorliegt oder ohne weiteres zu erlangen ist.

Dasselbe gilt für den Fall, daß die Marke an unrichtiger Stelle aufgeklebt ist. Die Beibringung neuer Stempelmarken ist nur dann zu fordern, wenn eine Entwertung überhaupt unterblieben und der Wechsel nicht ohne weiteres zu erlangen ist, oder wenn aus der unrichtigen Art der Entwertung der Stempelmarken, z. B. aus der unrichtigen Zeitangabe, die Möglichkeit sich ergibt, daß die Marken schon früher zu einem anderen Wechsel gebraucht worden sind. Doch steht es in jedem Falle der unrichtigen Entwertung einer Marke dem späteren Inhaber des Wechsels frei, um sich und seine Nachmänner vor den Folgen dieser Entwertung zu schützen, eine neue Marke vorschriftsmäßig zu verwenden.

Zu § 17 und § 30 Abs. 2 des Gesetzes.

Abgabenerstattung.

§ 9. Die Klage wegen Zurückzahlung zu Unrecht entrichteten Wechselstempels ist gegen den Fiskus des Bundesstaats zu richten, von dessen Steuerbehörde die Abgabe oder die weitere Abgabe beigetrieben oder gegenüber dessen Steuerbehörde der Vorbehalt bei der Zahlung erklärt worden ist.

Zur Vertretung des Fiskus im Rechtsstreit ist, soweit landesgesetzlich nichts anderes bestimmt ist, die Steuerdirektivbehörde berufen.

§ 10. Die Erstattung der weiteren Abgabe auf Grund des § 3 Abs. 3 des Gesetzes erfolgt auf Antrag durch die für den Wohnort des Antragstellers zuständige Steuerbehörde. Dem Erstattungsantrag ist nur stattzugeben, wenn er innerhalb eines Jahres vom Zeitpunkte der Eintragung der Geldsumme ab gestellt worden ist.

Über Anträge auf Erstattung zu Unrecht entrichteten Wechselstempels im Verwaltungsweg entscheidet die Steuerdirektivbehörde[5]). Dem Erstattungsantrag ist nur stattzugeben, wenn

---

[5]) Wenn der W. in dem Zeitpunkte, in dem eine weitere Stempelabgabe fällig werden würde, nicht

er innerhalb eines Jahres vom Zeitpunkte der Stempelverwendung oder der Zahlung oder Beitreibung der Abgabe oder der weiteren Abgabe ab gestellt worden ist.

§ 11. Den Bundesregierungen werden die auf Grund des § 3 Abs. 3 des Gesetzes erfolgten Herauszahlungen sowie die Herauszahlungen für zu Unrecht entrichteten Wechselstempel aus der Reichskasse erstattet.

§ 12. Für verdorbene Stempelmarken oder Vordrucke und für Marken, mit welchen demnächst verdorbene Schriftstücke versehen sind, kann Erstattung beansprucht werden, wenn der Schaden mindestens eine Mark beträgt und wenn von den Stempelzeichen oder den Schriftstücken, zu welchen sie verwendet sind, noch kein oder doch kein solcher Gebrauch gemacht worden ist, demgegenüber durch die Erstattung das Steuerinteresse gefährdet erscheint. Es genügt, wenn der Wert der gleichzeitig zur Erstattung vorgelegten Stempelzeichen zusammen eine Mark beträgt, und es kommt nicht darauf an, ob die Beschädigung der einzelnen Stempelzeichen durch ein und dasselbe Ereignis veranlaßt oder auf verschiedene, voneinander unabhängige Versehen oder Zufälle zurückzuführen ist.

§ 13. Der Erstattungsanspruch ist bei der Postanstalt des Bezirkes innerhalb eines Monats, nachdem der Schaden dem Berechtigten bekannt geworden ist, unter Beifügung der ver-

---

mehr läuft, so ist die für die Zeit nach diesem Zeitpunkt im voraus entrichtete Abgabe (§ 7 Abs. 4 d. G.) durch Entscheidung der Direktivbehörde auf Grund des § 10 AB. zu erstatten. Zu einer solchen Erstattung bedarf es einer Genehmigung des BR. nicht, denn die Vorschrift in § 7 Abs. 4 bezweckt lediglich eine geschäftliche Erleichterung bei Entrichtung der weiteren WSt.abgabe, an dem Zeitpunkte der Entstehung der weiteren St.pflicht hat damit aber nichts geändert werden sollen. FM. 25. Aug. 10, III 16063. Bl. f. d. b. FW. S. 280.

dorbenen Stempelzeichen und Schriftstücke anzumelden. Über die Anträge entscheidet, falls sie einem Postamt erster oder zweiter Klasse unterbreitet sind, der Postamtsvorsteher. In zweifelhaften Fällen sowie allgemein seitens der übrigen Postanstalten ist die Entscheidung der der Postanstalt vorgesetzten Behörde (im Reichs-Postgebiet und in Bayern der Ober-Postdirektionen, in Württemberg der Generaldirektion der Posten und Telegraphen) einzuholen.

Die Frist zur Geltendmachung des Erstattungsanspruchs ist auch dann als gewahrt anzusehen, wenn die Erstattung bei einer nicht zuständigen Postanstalt oder einer Steuerstelle beantragt worden ist. Die Amtsstellen haben in diesem Falle den Antrag der zuständigen Behörde (Abs. 1 Satz 1) zur Entscheidung vorzulegen.

§ 14. Eine bare Zurückzahlung der entrichteten Abgabe findet in den Fällen des § 12 nicht statt; die Erstattung erfolgt vielmehr im Wege des Umtausches, und zwar werden in der Regel für verdorbene Vordrucke Vordrucke, für verdorbene Marken Marken abgabefrei verabfolgt. Den Wünschen des Antragstellers hinsichtlich des Betrags der einzelnen Stücke ist tunlichst Rechnung zu tragen.

Die verdorbenen Stempelzeichen sind in Gegenwart von zwei Beamten zu vernichten.

Zu § 27 des Gesetzes.

Steuerfreiheit der Platzanweisungen.

§ 15. Als ein Platz im Sinne des § 27 Abs. 3, 4 des Gesetzes gelten:

1. diejenigen Orte, die nach Bestimmung des Bundesrats als benachbart im Sinne der Vorschriften des Art. 91 a Abs. 1 der Wechselordnung sowie des § 16 Abs. 2 und des § 30 Abs. 2 des Scheckgesetzes anzusehen sind[6],

---

[6]) Im Sinne der im § 15 Abs. 1 Ziff. 1 AB. gedachten Bestimmungen sind nach der Bekannt-

2. außerdem folgende Nachbarorte:

Berlin und die im Postverkehr als dessen Nachbarorte geltenden Ortschaften, auch soweit sie nicht zu den in Ziffer 1 bezeichneten Orten gehören;

Holzminden, Altendorf, Allersheim;

Mannheim, Ludwigshafen, Rheinau;

Wolfenbüttel, Thiede, Wittmar, Hedwigsburg.

Schlußbestimmungen.

§ 16. Diese Bestimmungen treten mit dem 1. August 1909 in Kraft.

Eine zur Entrichtung der weiteren Abgabe verwendete Wechselstempelmarke gilt nicht deshalb als nicht verwendet, weil die Verwendung vor dem 1. August 1909 erfolgt ist.

§ 17. Der Reichskanzler ist ermächtigt, wegen der Anfertigung und des Vertriebs der Stempelmarken und gestempelten Vordrucke sowie wegen der Bedingungen, unter welchen für verdorbene Stempelzeichen Erstattung zulässig ist, anderweite Anordnungen zu erlassen.

---

machung vom 9. Jan. 09 (RGBl. S. 249ff.) in Deutschland 208 Orte als benachbart anzusehen. Die Aufzählung der einzelnen Orte ist als notwendig für die Zwecke dieses Buches nicht erachtet.

Anhang.

Einzelne das Strafverfahren wegen Wechselstempelhinterziehung betreffende Vorschriften.

I. Anweisung des FM. v. 19. Dez. 69, betreffend das Strafverfahren wegen Wechselstempelhinterziehung nach dem Bundesgesetz v. 10. Juni 69. ZBl. 70 136.

1. Das Strafverfahren wegen W.stempelhinterziehung ist einzuleiten, wenn ein steuerpflichtiger W. oder eine steuerpflichtige Anweisung
   a) überhaupt nicht oder
   b) mit einem geringeren als dem gesetzlich erforderlichen Abgabenbetrage oder
   c) nicht rechtzeitig

   versteuert ist.
2. Welche W. und Anweisungen steuerfrei sind, ist im § 1 unter Nr. 1 und 2 und im § 27 des Gesetzes bestimmt.
3. Mit der aus vorstehendem sich ergebenden Maßgabe ist die bisherige Stempelfreiheit der vom Auslande auf das Ausland gezogenen W. (der sogenannten Transitowechsel) im § 1 unter Nr. 1 beibehalten.
4. Die Stempelfreiheit ist ferner unter gewissen Beschränkungen und Bedingungen auch auf W., welche vom Inlande auf das Ausland gezogen sind, ausgedehnt. Hinsichtlich derselben ist insbesondere folgendes zu beachten:

a) Die Befreiung bezieht sich überhaupt nur auf W., die auf Sicht oder spätestens innerhalb zehn Tagen nach dem Tage der Ausstellung zahlbar sind. Hierdurch sind alle W., deren Zahlungszeit auf eine beliebig bestimmte Frist nach Sicht oder sonst auf irgendwie bestimmten späteren als den zehnten Tag nach der Ausstellung festgesetzt ist, von der Befreiung ausgeschlossen.

b) Auch jene unter a bezeichneten W., auf welche sich die Befreiung bezieht, sind nur unter der Bedingung steuerfrei, daß sie vom Aussteller direkt in das Ausland remittiert werden. Jede vorgängige Beteiligung einer anderen inländischen Person oder Firma hebt den Anspruch auf Befreiung von der Steuer auf und stellt den betreffenden W. allen anderen stempelpflichtigen W. gleich.

5. Die bisherige Befreiung der W. und Anweisungen über Beträge von weniger als 50 Taler ist aufgehoben.

6. Der gesetzlich erforderliche Betrag der Stempelabgabe ist nach den Vorschriften in den §§ 3 und 4 des Gesetzes und den vom Bundesrate erlassenen Ausführungsanordnungen zu berechnen.

Ist von einem W. ein geringerer als der erforderliche Stempelbetrag entrichtet, so ist die W.stempelhinterziehung nur hinsichtlich des noch fehlenden Betrages zu verfolgen (§ 18 des Gesetzes). Jedem späteren Inhaber eines nicht vollständig versteuerten W. ist gestattet, die von seinen Vordermännern zu wenig entrichtete Steuer durch Kassierung der den fehlenden Betrag darstellenden Stempelmarken nachzuentrichten und dadurch sich und etwaige spätere Hintermänner vor den Folgen der Hinterziehung zu schützen. Auf die von den Vordermännern verwirkte Strafe hat dies jedoch keinen Einfluß (§ 12 a. E.).

7. Der Zeitpunkt, bis zu welchem die Versteuerung erfolgen muß, um dem Erfordernis der Rechtzeitigkeit zu genügen (§ 18 zweiter Absatz), ist in den §§ 7 bis 12 des Gesetzes näher bestimmt. Danach müssen:

a) inländische W. von dem Aussteller, ausländische W. von dem ersten inländischen Inhaber versteuert werden, und zwar vor jeder weiteren Aushändigung[1]).

---

[1]) ZirkE. des FM. v. 6. Aug. 78. ZBl. S. 198, JMBl. S. 128. Es ist hier zur Sprache gebracht worden, daß preußische Steuerbehörden bei Beurteilung der Versteuerung der im Auslande auf das Inland gezogenen, schon im Auslande mit den erforderlichen, regelrecht kassierten Stempelmarken versehenen W. von der Ansicht ausgehen, daß nur die nach den §§ 5 und 6 des WStG. für die Entrichtung der Abgabe verhafteten Teilnehmer am Umlauf eines W. zur Verwendung von Stempelmarken berechtigt seien. Diese Auffassung wird seitens des Herrn Reichskanzlers sowie des Herrn Justizministers und auch diesseits nicht geteilt: es wird vielmehr angenommen, daß dem Gesetze Genüge geschehen ist, wenn der im Auslande ausgestellte W. vom ausländischen Aussteller unmittelbar auf einem den erforderlichen Reichsstempel eingedruckt tragenden Blankett niedergeschrieben oder von dem Aussteller oder einem sonst am Umlaufe des W. beteiligten Ausländer mit Reichsstempelmarken zum gesetzlichen Betrage in vorschriftsmäßiger Weise versehen worden ist. Die Bestimmung unter 7a der Anweisung v. 19. Dez. 69, betr. das Strafverfahren

Eine Ausnahme hiervon tritt nur rücksichtlich der Versendung zum Akzept ein. Will der Aussteller des inländischen oder der erste inländische Inhaber des ausländischen W. sich über dessen Annahme vergewissern, so kann er vor der Versteuerung, aber nur bevor irgendein inländisches Indossament auf den W. gesetzt wird, die Versendung zum Akzept vornehmen (§ 8 erster Absatz). Jeder andere und jede den vorstehenden Erfordernissen nicht entsprechende Disposition, bei welcher der unversteuerte W. von dem Aussteller beziehungsweise dem ersten inländischen Inhaber aus den Händen gegeben wird, zieht die Strafe der W.stempelhinterziehung nach sich.

b) Der inländische Akzeptant eines noch nicht versteuerten W. muß dessen Versteuerung bewirken, ehe er seinerseits denselben zurückgibt oder anderweit aushändigt.

Der Einwand, daß das mit der Annahmeerklärung versehene Exemplar nicht zum Umlaufe im Bundesgebiet bestimmt sei, kommt dem Akzeptanten nur dann zustatten, wenn die Rückseite des akzeptierten Exemplars vor der Rückgabe dergestalt durchkreuzt wird, daß dadurch die weitere Benutzung desselben zum Indossieren ausgeschlossen ist (§ 8 Absatz 2). Der bisher nicht selten gemachte Einwand, daß ein W. zur Zeit des Akzepts noch nicht vollständig ausgefüllt gewesen oder noch nicht vom Aussteller vollzogen oder sonst mangelhaft gewesen sei, ist für die Zukunft durch § 19 des Gesetzes ausgeschlossen.

8. Haben die in erster Linie zur Versteuerung des W. Verpflichteten (vorstehend unter Nr. 7 a und b dieser

---

wegen W.stempelhinterziehungen, hat etwas von dem angedeuteten Grundsatze Abweichendes nicht verordnen wollen.

Verpflichtung nicht genügt, so geht dieselbe nach § 12 des Gesetzes auf den nächsten und jeden ferneren inländischen Inhaber des W. über, solange die Versteuerung nicht nachgeholt ist.

Aus der Verbindung der Vorschriften in den §§ 5, 6 und 12 des Gesetzes ergibt sich, daß auch die späteren Inhaber für die Entrichtung des W.stempels ohne weiteres solidarisch haften, daß mithin der der Bundeskasse entzogene Abgabenbetrag jederzeit von dem letzten oder einem früheren Inhaber erfordert und derselbe zur Besteuerung des W. angehalten werden kann, solange diese nicht bewirkt ist.

Die Strafe der W.stempelhinterziehung trifft aber den späteren Inhaber nicht, wenn er die Versteuerung bewirkt, ehe er eine der im § 12 bezeichneten Handlungen mit demselben vornimmt (Unterzeichnung, Indossierung, Veräußerung, Verpfändung Aushändigung usw.).

Wegen der näheren Bestimmung des Ausdrucks „Inhaber des Wechsels" wird auf den § 6 des Gesetzes verwiesen. Einerseits ist über den Kreis der aus dem W. selbst ersichtlichen Teilnehmer am Umlaufe hinausgegriffen, indem die Verantwortlichkeit für den Stempel und die eventuelle Strafbarkeit auf diejenigen ausgedehnt worden, welche den W. erwerben, veräußern, verpfänden, als Sicherheit annehmen usw. ohne daß ihr Name oder ihre Firma auf den W. gesetzt wird (z. B. im Falle eines Blankoindossaments); anderseits macht fortan die Präsentation zur Annahme allein, wenn der Präsentant nicht in anderer Weise oder in anderer Eigenschaft noch beteiligt ist, denselben nicht für den Stempel verantwortlich.

Wer dagegen das akzeptierte Exemplar in Verwahrung genommen hat (zur Disposition des Umlaufexemplars oder der umlaufenden Kopie) unterliegt der

Verantwortlichkeit für die Versteuerung des W. nach dem § 13 d. G.

9. Nach den Vorschriften in den §§ 9 bis 24 d. G. bewendet es bei der Regel, daß die Stempelabgabe von den in mehreren Exemplaren ausgefertigten W. nur einmal, und zwar von demjenigen Exemplar zu entrichten ist, welches zum Umlaufe bestimmt ist. Die Steuerfreiheit der Duplikate und der W.kopien ist jedoch ausgeschlossen:

a) wenn sich auf denselben eine W.erklärung — mit Ausnahme des Akzepts und der Notadressen — befindet, die nicht auch auf ein nach Vorschrift des Gesetzes versteuertes Exemplar gesetzt ist. Unter dem der Allgemeinen deutschen Wechselordnung geläufigen Ausdrucke „Wechselerklärung" ist jede Erklärung zu verstehen, welche w mäßig verpflichtet, z. B. Indossament, Bürgschaft (vgl. Art. 85, 94 u.f.); die Annahmeerklärung ist hiervon ausgenommen, weil hinsichtlich derselben im § 8 zweiter Absatz die erforderliche besondere Bestimmung enthalten ist. Zugleich sind auch Notadressen als Ausnahme genannt, um jeden Zweifel hierüber auszuschließen, obwohl diese strenggenommen überhaupt nicht als W.erklärungen zu bezeichnen sind.

Hiernach ist z. B., wenn der Originalw. zum Akzept versandt und eine Kopie desselben zum Indossieren benutzt wird, die letztere zu versteuern, auch wenn von dem Originalw. die Steuer bereits entrichtet war. Desgleichen ist, falls mehrere Exemplare desselben W. an verschiedene Personen indossiert werden sollten (Art. 67 Nr. 1 der WO.), jedes dieser Exemplare steuerpflichtig. Ferner muß ein nicht zum Umlauf bestimmtes Exemplar, wenn auf demselben eine nicht auf das Umlaufsexemplar gesetzte Bürgschaftserklärung abgegeben werden sollte, versteuert werden und dasselbe gilt, falls ein Duplikat des W., nachdem das ursprünglich zum Umlauf bestimmte Exemplar verloren oder in unrechte Hände gekommen sein sollte, zur weiteren Übertragung benutzt wird usw. Der Zeitpunkt, bis zu welchem die Versteuerung in Fällen der vorerwähnten Art bewirkt werden muß, um dem Erfordernis der Rechtzeitigkeit zu genügen, ist im § 10 im ersten Absatz bestimmt.

b) Die Steuerpflicht eines Duplikats tritt außerdem dann ein, wenn dasselbe ohne Auslieferung eines versteuerten Exemplars — letzteres mag verloren oder in unrechte Hände gegangen sein usw. — bezahlt oder mangels Zahlung protestiert wird (§ 10 zweiter Absatz).

10. In betreff des Strafverfahrens und in allen übrigen Beziehungen wird auf die Bestimmungen des Gesetzes selbst verwiesen.

2. Die auf die Handhabung eines Landesstempelgesetzes bezüglichen Vorschriften finden bei dem WStG. keine Anwendung. Das gilt selbst von solchen Vorschriften, welche die Kompetenz in betreff verübter Zuwiderhandlungen regeln. Erk. des OT. 9. April 73. OR. 14 269: Ein Bankdirektor und ein Bankrendant hatten sich durch Indossament am Umlauf eines mit nicht vorschriftsmäßig kassierter Stempelmarke versehenen W. beteiligt. Bezüglich der Strafverfolgung gegen Beamte kommen hier nicht § 30 Abs. 3 des Stempelges. v. 7. März 22 und die KabO. v. 28. Okt. 36 und 23. Dez. 42 zur Anwendung, sondern lediglich die Strafbestimmungen des WStG., welches im § 24 in betreff der Feststellung, Untersuchung und Entscheidung wegen W.stempelhinterziehung auf das Verfahren wegen Vergehen gegen die Zollgesetze verweist, d. i. §§ 33ff. des Zollstrafges. v. 23. Jan. 38, bei welchem es § 165 des Vereinszollges. v. 1. Juli 69 beläßt. — Vgl. jetzt Gesetz, betreffend das Verwaltungsstrafverfahren bei Zuwiderhandlungen gegen die Zollgesetze, und die sonstigen Vorschriften über indirekte Reichs- und Landesabgaben v. 26. Juli 97; GS. S. 237.

3. FME. v. 26. Aug. 73. ZBl. S. 249: Der Bundesrat hat in der Sitzung vom 2. d. M. beschlossen, daß fortan die Dirigenten der Hauptämter befugt sein sollen, von der ihnen in Zollsachen zustehenden Befugnis, Anklageverhandlungen über Kleinigkeiten, bis zu 1 Taler Gefälle höchstens, auf sich beruhen zu lassen, auch bezüglich der Anklageverhandlungen wegen W.stempelhinterziehungen Gebrauch zu machen, falls offenbar nur Versehen vorliegen und die Absicht der Steuerhinterziehung ausgeschlossen ist. Die Absicht ist hierbei hauptsächlich dahin gegangen, dem Übelstande zu begegnen, daß auch wegen der geringsten Inkorrektheit bei Ausführung der Markenkassation ein Prozeß eingeleitet und die Defraudationsstrafe verhängt würde. Um den beabsichtigten Zweck zu erreichen, ohne die Sicherheit des Steuerinteresses zu gefährden, ist es notwendig, daß die Hauptamtsdirigenten sich mit dem Sinn und Zusammenhang der einzelnen Vorschriften über die Verwendung der Stempelmarken zu W. genau vertraut zu machen, in jedem einzelnen Falle, wo die Abstandnahme von der Strafverfolgung in Frage kommt, die obwaltenden tatsächlichen Verhältnisse gewissenhaft und unparteiisch prüfen und von der ihnen erteilten Ermächtigung mit Umsicht Gebrauch machen. Die Hauptamtsdirigenten haben jeden derartigen Fall in einer besonderen tabellarischen Nachweisung unter kurzer Angabe des Tatbestandes der angezeigten Kontravention und der Motive für die Abstandnahme von der Strafverfolgung einzutragen und dieselbe in den nach den Umständen zu bestimmenden periodischen Terminen (etwa halbjährlich) der vorgesetzten Provinzialbehörde vorzulegen. Letztere hat die Nachweisungen einer sorgfältigen Prüfung zu unterwerfen, wobei auch darauf zu achten bleibt, daß in den einzelnen Hauptamtsbezirken nicht offenbare Ungleichheiten Platz greifen, indem in dem einen ein sehr ausgedehnter, in dem anderen ein sehr be-

schränkter Gebrauch von der in Rede stehenden Befugnis unter gleichartigen Verhältnissen gemacht wird. Seitens der Provinzialbehörden ist den Erläuterungen zu der Prozeßstatistik dieser Gegenstand besonders zu berücksichtigen und über Anzahl der Fälle, in welchen die Abstandnahme stattgefunden hat, und die bezüglichen Wahrnehmungen das Geeignete anzuführen. — Vgl. jetzt den Allerhöchsten Erlaß v. 26. Sept. 97, in betreff der Übertragung von Strafniederschlagungs- und Strafmilderungsbefugnissen (GS. S. 402), die Allg. Verf. v. 6. Okt. 97 (ZBl. S. 408) über die Weiterübertragung von Strafniederschlagungs- und Strafmilderungsbefugnissen in Zoll- und Steuersachen und über Vorlegung von Nachweisungen und die Allg. Verf. v. 28. Mai 03 (ZBl. S. 215) über die Bewilligung von Zahlungsausstand und Teilzahlungen, auch § 20 d. G.

4. FME. v. 9. Sept. 70, betr. die allgemeine Verpflichtung der Gerichte zur Wahrnehmung des Bundesstempelinteresses. ZBl. S. 365:

Die Strafe der W.stempelhinterziehung besteht ausschließlich in der im § 18 d. G. vorgeschriebenen Geldbuße; s. jetzt auch § 20 d. G. Die etwaige Verpflichtung des Kontravenienten zur Nachentrichtung der zur Bundeskasse fließenden W.stempelabgabe ist weder Gegenstand der Strafentscheidung, noch bei der Prozeßgelderbuchung und -verrechnung überhaupt zu berücksichtigen. Die Voraussetzung, daß der Kontravenient immer auch zur Nachentrichtung der Stempelabgabe verpflichtet sei, entbehrt der Begründung. Wenn der letzte Inhaber des W. denselben versteuert hat, so sind nach § 12 d. G. die Vordermänner zwar zur Strafe zu ziehen; von einer nochmaligen Einziehung der Steuer von einzelnen oder allen Vordermännern kann alsdann aber keine Rede sein. In diesem Betracht ist es mithin zufällig, ob neben der Einleitung des Strafverfahrens überhaupt noch die Einziehung des Stempels zu dem W. zu betreiben ist oder nicht; unter allen

Umständen wird die Steuerbehörde nur auf Grund der ihr im § 25 d. G. hinsichtlich der Beaufsichtigung der Bundesstempelabgabe, nicht aber auf Grund der ihr im § 24 hinsichtlich der Untersuchung und Entscheidung der W.stempelhinterziehungen auferlegten Verpflichtungen und eingeräumten Rechte dafür zu sorgen haben, daß der hinterzogene Steuerbetrag, falls er nicht bereits von einem späteren W.inhaber entrichtet ist, der Bundeskasse zugeführt werde.

Wenn bei den Gerichten stempelpflichtige W. vorkommen, welche noch nicht versteuert sind, so ist in betreff der Nachbringung der Steuer ebenso zu verfahren, wie wenn eine nach dem Preußischen Stempelgesetz stempelpflichtige Privaturkunde ohne den erforderlichen Stempel bei Gericht eingereicht wird, d. h. es ist seitens des Gerichts die Nachbringung des Stempels in natura zu verlangen und nötigenfalls zu erzwingen, das nachgebrachte Stempelmaterial aber zu der Urkunde zu kassieren[2]).

Die Sorge für Nachbringung des fehlenden Stempels ist nicht etwa ein Ausfluß der Befugnis zur Festsetzung der Stempelstrafe, über welche im § 24 und 26 des WStG. disponiert ist, sondern von letzterer durchaus unabhängig. Der § 26 regelt die Verpflichtung, begangene Stempelkontraventionen zu ermitteln und zur Anzeige zu bringen. Die dort angeordnete Prüfung der Versteuerung der bei den Gerichten vorkommenden W. ist auch in denjenigen Fällen notwendig, wo unzweifelhaft eine nachträgliche Versteuerung nicht gefordert werden kann, weil z. B. der letzte Inhaber den W. — § 12 d. G. — bereits versteuert hat, wo aber dessenungeachtet die Vordermänner desselben die Strafe des § 18 verwirkt haben. Die Verpflichtung der Gerichte, den Vorschriften in den §§ 5 und 6 d. G. entsprechend die nachträg-

---

[2]) Die Gerichte haben jetzt nur noch eine Anzeigepflicht. § 106 des AusfG. zum GerVerfGes. v. 24. April 78 (vgl. Anm. 1 zu § 26 d. G.).

liche Versteuerung eines noch unversteuerten W. zu fordern, ist vielmehr ein Ausfluß der ihnen übertragenen Teilnahme an der allgemeinen Aufsicht über die Beobachtung der Stempelgesetze und der ihnen aufgelegten besonderen Verpflichtung, auf die Befolgung der Stempelgesetze zu halten[3]).

Insofern es zur exekutivischen Einziehung des fehlenden Steuerbetrages kommen sollte, ist derselbe sofort zum Ankauf von Stempelmarken wieder zu verausgaben und sind die letzteren ev. auf der stempelpflichtigen Urkunde vor deren Wiederaushändigung zu befestigen und zu kassieren.

In dem als möglich bezeichneten, wenn auch unwahrscheinlichen Falle, daß armutshalber der fehlende Steuerbetrag nicht ganz sollte beigetrieben werden können, muß der wirklich beigetriebene Betrag in Marken verwendet werden. Sollte beispielsweise auf einen schuldigen Steuerbetrag von 4 Sgr. 6 Pf. nur 3 Sgr. 9 Pf beizutreiben sein, so möchte der in Marken nicht darstellbare Betrag dem Steuerpflichtigen belassen oder herausgegeben werden, da besondere Anordnungen für dergleichen Fälle nicht erlassen sind und auch nicht als Bedürfnis angesehen werden können.

---

[3]) Die Zuständigkeit der Gerichte, im Verwaltungswege Stempelstrafen festzusetzen, ist seitdem durch § 106 des AusfGes. zum GerVerfGes. v. 24. April 78 (GS. 230) aufgehoben. Die Gerichte sollen aber die zu ihrer amtlichen Kenntnis gelangenden Zuwiderhandlungen gegen die Stempelgesetze bei der für die Untersuchung und Straffestsetzung zuständigen Behörde zur Anzeige bringen.

Chronologisches Register.

Seite

1880 bis 1890.

1890 bis 1900.

1901 bis 1908.

1909 bis 1913.

Sachregister zum Wechselstempelgesetz.

Die Zahlen bezeichnen die Seiten.
W. = Wechsel; WSt. = Wechselstempel; WStG. = Wechselstempelgesetz.

A.

B.

Z.

Druck von A. W. Hayn's Erben (Curt Gerber), Potsdam.

Guttentag'sche Sammlung

Deutscher Reichsgesetze.

Text-Ausgaben mit Anmerkungen. Taschenformat.

1. **Verfassung des Deutschen Reichs.** Von Dr. **L. von Rönne. 10. Aufl.** von Landrat **P. von Rönne** und Regierungs-assessor **von Dobbeler.** 1912. 2 M. 60 Pf.

2. **Strafgesetzbuch** für das Deutsche Reich. Von Dr. **H. Rüdorff. 23. Aufl.** bearbeitet von Prof. Dr. **Franz v. Liszt** und Dr. **Ernst Delaquis.** 1910. 1 M. 80 Pf.

3. **Militärstrafgerichtsordnung** nebst Einführungsgesetz. Von Wirkl. Geheimen Kriegsrat Dr. jur. **A. Romen** und Kriegsgerichtsrat Dr. jur. **Carl Rissom.** 1910. 6 M.

4. **Handelsgesetzbuch vom 10. Mai 1897** unter Ausschluß des Seerechts. **14. Aufl.** Herausgegeben von Geh. Justizrat Prof. Dr. **A. Mosse.** 8°. 1911. 5 M.

5. **Wechselordnung vom 3. Juni 1908.** Kommentar von Justizrat Dr. **J. Stranz** und Rechtsanwalt Dr. **M. Stranz,** und das **Wechselstempelsteuergesetz vom 15. Juli 1909** von Geh. Regierungsrat **P. Loeck. 10. Aufl.** 1909. 3 M.

5a. **Wechselstempelsteuergesetz** apart. **10. Aufl.** 1 M. 25 Pf.

6. **Reichsgewerbeordnung** nebst Ausführungsbestimmungen. Von **Berger** und **Wilhelmi. 18. veränderte und sehr vermehrte Auflage** von Stadtrat Dr. **Karl Flesch** in Verbindung mit Dr. **Friedr. Hiller** und Dr. **Herm. Luppe.** 1910. 4 M.

7. **Post- und Telegraphen-Gesetzgebung.** Nebst Weltpostvertrag und internationalem Telegraphenvertrag. **6. Aufl.** von Geh. Ober-Postrat Dr. **M. König.** 1908. 4 M.

8. Die Reichsgesetze über den **Unterstützungswohnsitz, die Freizügigkeit, den Erwerb und Verlust der Bundes- und Staatsangehörigkeit.** Von Geheimrat Dr. **J. Krech,** Mitglied des Bundesamtes für das Heimatwesen. 8. **Aufl.** 1912. 3 M. 60 Pf.

9. Sammlung **kleinerer strafrechtlicher Reichsgesetze.** Von Dr. **R. H. Kriegsmann,** Privatdozent in Kiel. **3. Aufl.** 1910. 4 M.

10. Das **Reichsbeamtengesetz** von **J. Pieper. 2. Aufl.** 1901. 4 M. 50 Pf.

Reichsbeamtengesetz von 1907 siehe Nr. 82.

11. **Zivilprozeßordnung mit Gerichtsverfassungsgesetz** in der Fassung vom 1. Juni 1910. Von **R. Sydow.** Fortgeführt von **L. Busch. 13. Aufl.** 8°. 1910. 7 M.

12. **Strafprozeßordnung und Gerichtsverfassungsgesetz** nebst den Gesetzen, betr. die Entschädigung der im Wiederaufnahmeverfahren freigesprochenen Personen und die Entschädigung für unschuldig erlittene Untersuchungshaft. Von Dr. **A. Hellweg,** Reichsgerichtsrat. **16. Aufl.** von Professor Dr. **Kohlrausch.** 1912. 3 M.

13. **Konkursordnung und Anfechtungsgesetz.** Von **R. Sydow.** Fortgeführt von **L. Busch. 11. Aufl.** 1911. 2 M. 80 Pf.

14. **Gerichtsverfassungsgesetz** mit Einführungsgesetz. Herausgegeben von **R. Sydow.** Fortgeführt von **L. Busch. 9. Aufl.** 1905. Mit Nachtrag, enthaltend die Novelle vom 1. Juni 1909. 1 M. 50 Pf.

15. Das **Deutsche Gerichtskostengesetz** nebst den Gebührenordnungen für Gerichtsvollzieher, Zeugen und Sachverständige. Von **R. Sydow.** Weiter bearbeitet von Reichsgerichtsrat **L. Busch** und Gerichtsassessor **Arno Busch. 9. Aufl.** 1912. 2 M. 60 Pf.

16. **Rechtsanwaltsordnung.** Von **R. Sydow. 5. Aufl.** von Justizrat **M. Jacobsohn.** 1907. Mit Nachtrag, enthaltend die Bestimmungen vom 22. Mai 1910. 1 M. 20 Pf.

17. Die **Deutsche Gebührenordnung für Rechtsanwälte und das Preußische Gebührengesetz** vom 27. September/6. Oktober 1899. Von **R. Sydow.** Fortgeführt von **L. Busch. 10. Aufl.** 1911. 2 M. 70 Pf.

18. **Reichsstempelgesetz** vom 15. Juli 1909 in der durch das Zuwachssteuergesetz vom 14. Februar 1911 geänderten Fassung. (Börsen-, Lotterie- [Spiel- und Wette-], Frachturkunden-, Fahrkarten-, Kraftfahrzeug-, Tantieme-, Scheck- und Grundstücksübertragungssteuer.) Mit den gesamten Ausführungsbestimmungen. **11. Aufl.** von Geh. Regierungsrat **P. Loeck.** 1912. 8°. 6 M.

19. Die **Seegesetzgebung.** Von Dr. **W. E. Knitschky. 4. Aufl.** bearbeitet von Oberlandesgerichtsrat **Otto Rudorff** in Hamburg. 1908. Mit Anhang, enthaltend die Bestimmungen von 1909. 6 M.

20. **Krankenversicherungsgesetz.** Von weil. Dr. **E. von Woedtke. 11. Aufl.** von Geh. Reg.-Rat Dr. **G. Eucken-Addenhausen.** 1905. 3 M.

21. Die **Konsulargesetzgebung.** Von Professor Dr. **Ph. Zorn. 3. Aufl.** bearbeitet von Reg.-Assessor Dr. **A. Zorn.** 1911. 4 M. 50 Pf.

22. **Patentgesetz.** Nebst Ausführungsbestimmungen, völkerrechtlichen Verträgen und der Patentanwalts-Ordnung. **7. Aufl.** bearbeitet von **R. Lutter,** Geh. Reg.-Rat im Kaiserl. Patentamt. 1908. 2 M. 80 Pf.

23. **Gewerbe-Unfallversicherungsgesetz.** Von weil. Dr. **E. von Woedtke. 9. Aufl.** von **Franz Caspar,** Direktor im Reichsamt des Innern. 1907. 2 M. 50 Pf.

24. **Aktiengesellschaft und Kommanditgesellschaften auf Aktien.** Von Kammergerichtsrat Dr. **H. Keyßner** und Justizrat Dr. **H. Veit Simon. 6. Aufl.** von Amtsrichter **L. Keyßner.** 1911. 3 M.

25. **Brausteuergesetz.** vom 15. Juli 1909. Von **A. Düffe,** Oberzollrevisor. **2. Aufl.** 1910. 3 M.

26. Die Reichsgesetzgebung über **Münz- und Notenbankwesen,** Papiergeld, Prämienpapiere und Reichsschulden. Von Dr. jur **R. Koch,** Präsident des Reichsbankdirektoriums. **6. Aufl.** 1910. 4 M.

27. Die Gesetzgebung, betr. das **Gesundheitswesen** im Deutschen Reich. Von Dr. jur. **C. Goesch** und Dr. med. **J. Karsten.** 1888. 1 M. 60 Pf.

28. **Bau-Unfallversicherungsgesetz.** Vom 30. Juni 1900. Von **R. Chrzescinski,** Kaiserl. Regierungsrat. **3. Aufl.** 1900. 2 M.

29. **Erwerbs- und Wirtschaftsgenossenschaften.** Von **L. Parisius** und Dr. **H. Crüger. 14. neu bearb. Aufl.** von Dr. **H. Crüger.** 1912. 1 M. 80 Pf.

30. **Invalidenversicherungsgesetz** vom 13. Juli 1899. Von weil. Dr. **E. von Woedtke. 10. Aufl.** von Regierungsrat **H. Follmann.** 1906. 4 M. (Vergriffen!)

31. **Gewerbegerichtsgesetz.** Von Stadtrat **L. Mugdan. 7. Aufl.** bearbeitet von **W. Cuno,** Oberbürgermeister zu Hagen i. W. 1911. 2 M. 50 Pf.

32. Reichsgesetz, betr. die **Gesellschaften mit beschränkter Haftung.** Von **L. Parisius** und Dr. **H. Crüger. 12. Aufl.** von Dr. **H. Crüger.** 1912. 1 M. 80 Pf.

33. **Vereins- und Versammlungsrecht.** Von Dr. **E. Ball. 2. Aufl.** von Dr. **F. Friedenthal.** 1907. 2 M. 50 Pf.

Reichs-Vereinsgesetz vom 19. April 1908 siehe Nr. 88.

34. Die **Abzahlungsgeschäfte.** Gesetz vom 16. Mai 1894. **3. vermehrte Aufl.** besorgt von Dr. **E. Wilke,** Landgerichtsrat. 1910. 1 M. 25 Pf.

35. Die **Reichs-Eisenbahngesetzgebung.** Von **W. Coermann,** Kaiserl. Amtsrichter. 1895. 2 M. 25 Pf.

36. Gesetze, betr. die **privatrechtlichen Verhältnisse der Binnenschiffahrt und der Flößerei.** Von **E. Löwe,** Landgerichtsrat. **4. Aufl.** 1909. 3 M.

37. Gesetz gegen den **unlauteren Wettbewerb.** Von Justizrat **A. Pinner. 6. Aufl.** 1912. 1 M. 50 Pf.

38/39. **Bürgerliches Gesetzbuch nebst Einführungsgesetz** von Dr. **A. Achilles.** In Verbindung mit Professor Dr. **André,**

Kammergerichtsrat **Ritgen**, Reichsgerichtsrat Dr. **Strecker**, Senatspräsident Dr. **v. Unzner** herausgegeben von Geh. Ober-Justizrat **Greiff. 7. Aufl.** 8°. 1912. 7 M.

40. Gesetz, betr. die **Pflichten der Kaufleute bei Aufbewahrung fremder Wertpapiere (Depotgesetz).** Mit Erläuterungen. Von **F. Lusensky**, Geh. Ober-Regierungsrat. **2. Aufl.** 1905. 1 M.

41. **Börsengesetz.** In der Fassung der Novelle vom 8. Mai 1908. **2. Aufl.** Von Wirkl. Geh. Ober-Regierungsrat **Th. Hemptenmacher**, Staatskommissar an der Berliner Börse. 1908. 2 M.

42. **Grundbuchordnung** nebst den preußischen Ausführungsbestimmungen. Mit Einleitung. Von Prof. Dr. **O. Fischer. 6. Aufl.** Im Druck.

43. **Zwangsvollstreckung in das unbewegliche Vermögen** im Reiche und in Preußen. Mit Einleitung, Kosten- und Gebührentabellen. Von Dr. **J. Krech**, Kaiserl. Geh. Regierungsrat und Professor Dr. **O. Fischer. 6. Aufl.** 1910. 2 M.

44. Das Reichsgesetz über das **Auswanderungswesen** vom 9. Juni 1897. Von Professor Dr. **Felix Stoerk.** 1899. 2 M. 25 Pf.

45. Das **Entmündigungsrecht** unter Berücksichtigung der für Preußen geltenden Vorschriften nebst der preußischen Justiz-Ministerial-Verfügung vom 28. November 1899. Von Landgerichtsrat Dr. **P. Koll** in Cöln. 1900. 1 M. 50 Pf.

46. Die Gesetze des Reiches und Preußens über die **freiwillige Gerichtsbarkeit.** Von **Herm. Jastrow,** Amtsgerichtsrat. **5. Aufl.** 1911. 3 M. 60 Pf.

47. Das **deutsche Vormundschaftsrecht** und das preuß. Gesetz über die Fürsorgeerziehung Minderjähriger nebst den dazu gehörigen preußischen Nebengesetzen. Von Oberverwaltungsgerichtsrat **Max Schultzenstein** und Amtsgerichtsrat Dr. **Paul Köhne. 2. Aufl.** 1901. 3 M.

48. Gesetze und Verordnungen, betr. den **Drogen-, Gift- und Farbenhandel** außerhalb der Apotheken. Von Dr. **J. Broh,** Rechtsanwalt. 1899. 1 M. 25 Pf.

49. Deutsche **Kolonialgesetzgebung.** Von Professor Dr. **Philipp Zorn.** 1901. 4 M. 50 Pf.

50. Der **Viehkauf** (Viehgewährschaft) nach dem Bürgerlichen Gesetzbuche. Nebst Verordn. betr. die Hauptmängel und Gewährsfristen beim Viehhandel. Von Rechtsanwalt Dr. **H. Stölzle** und Königl. Kreistierarzt **H. Weiskopf. 4. Aufl.** 1908. 4 M.

51. **Hypothekenbankgesetz** vom 13. Juli 1899. Von Dr. **H. Göppert. 2. Aufl.** Bearbeitet von Geh. Reg.-Rat Dr. **Seidel.** 1911. 2 M. 40 Pf.

52. Gesetz, betreffend die gemeinsamen **Rechte der Besitzer von Schuldverschreibungen.** Von Dr. **Heinrich Göppert.** 1900. 2 M.

53. **Reichspreßgesetz** vom 7. Mai 1874. Mit Kommentar von **A. Born,** Erster Bürgermeister der Stadt Marienburg (Westpr.). 1911. **2. Aufl.** 2 M.

54. Die Reichsgesetzgebung über den Verkehr mit **Nahrungsmitteln, Genußmitteln** und **Gebrauchsgegenständen.** Von Dr. **Georg Lebbin,** Nahrungsmittelchemiker in Berlin. 1900. 2 M. 25 Pf.

55. Das Recht der **Beschlagnahme von Lohn- und Gehaltsforderungen.** Von Justizrat **Georg Meyer. 4. Aufl.** 1910. 2 M. 60 Pf.

56. Gesetz, betr. die **Bekämpfung gemeingefährlicher Krankheiten.** Nebst Ausführungsbestimmungen. Von Dr. **Bruno Burkhardt,** Regierungsrat, Mitglied des Kaiserl. Gesundheitsamts. 1900. 1 M. 40 Pf.

57. **See-Unfallversicherungsgesetz.** Von Dr. **Max Mittelstein,** Oberlandesgerichtsrat in Hamburg. 1901. 2 M.

58. **Das Recht der unehelichen Kinder** nach dem BGB. Von **Hermann Jastrow,** Amtsgerichtsrat. 1901. 1 M. 80 Pf.

59. Reichsgesetz über die **Beurkundung des Personenstandes und die Eheschließung.** Von Dr. **F. Fidler,** Amtsgerichtsrat. 1912. **2. Aufl.** 2 M. 50 Pf.

60. Gesetz, betreffend das **Urheberrecht an Werken der Literatur und der Tonkunst** in der Fassung vom 22. Mai 1910. Von Geh. Justizrat **Otto Lindemann. 3. Aufl.** 1910. 1 M. 60 Pf.

61. Gesetz über das **Verlagsrecht.** Von Justizrat **E. Heinitz. 2. Aufl.** Bearbeitet von Rechtsanwalt Dr. **Br. Marwitz.** 1911. 1 M. 80 Pf.

62. Gesetz über **private Versicherungsunternehmungen.** Von **H. Könige,** Reichsgerichtsrat. **2. Aufl.** 1910. 4 M. 20 Pf.

63. **Gesetzestafel des Deutschen Reichsrechts.** Systematisch geordnete Nachweisung des z. Z. geltenden Reichsrechts. Ergänzungsband zu der Guttentag'schen Sammlung Deutscher Reichsgesetze. Von **Hugo Bruhns,** Syndikus. 1902. 8°. 2 M. 50 Pf.

64. Gesetzsammlung betr. den **Handel mit Drogen und Giften.** Reichsgesetzliche Bestimmungen und Anhang mit den landesgesetzlichen Verordnungen sämtlicher Bundesstaaten. Von Rechtsanwalt **H. Sonnenfeld,** Syndikus der Berliner Drogisten-Innung. **2. Aufl.** 1912. 4 M.

65. Das **Weingesetz** in der Fassung von 1909. Mit Ausführungsbestimmungen von Dr. **Georg Lebbin,** Nahrungsmittelchemiker. **2. Aufl.** 1909. 2 M. 50 Pf.

66. Die **Eisenbahn-Gesetzgebung.** Von **W. Pietsch,** Rechnungsrat im Reichs-Eisenbahn-Amt. 1902. 5 M.

67. **Militär-Strafgesetzbuch für das Deutsche Reich** vom 20. Juni 1872 nebst dem Einführungsgesetz. Von Wirkl. Geh. Kriegsrat Dr. jur. **A. Romen** und Kriegsgerichtsrat Dr. jur. **C. Rissom.** 1912. 6 M.

68. Das **Fleischbeschaugesetz.** Vom 3. Juni 1900. Von Dr. **Georg Lebbin,** Nahrungsmittelchemiker und Rechtsanwalt Dr. **Georg Baum.** 1903. 4 M.

69. Reichsgesetz über die **Naturalleistungen der bewaffneten Macht im Frieden** nebst den in Preußen geltenden Bestimmungen. Von Regierungsassessor Dr. **Walter v. Hippel.** 1903. 1 M. 25 Pf.

70. Das **Reichs-Haftpflichtgesetz**, vom 7. Juni 1871. Von Regierungsrat Dr. **G. Eger.** 1903. 3 M.

71. **Kinderarbeit in gewerblichen Betrieben**, vom 30. März 1903. Von **H. Spangenberg**, Oberverwaltungsgerichtsrat. **2. Aufl.** 1904. 1 M. 60 Pf.

72. **Unfallversicherungsgesetz für Land- und Forstwirtschaft** von weil. Dr. **E. von Woedtke**, fortgesetzt von **Alfred Radtke**, Geh. Regierungsrat und Senatspräsident im Reichsversicherungsamt. **2. Aufl.** 1904. 4 M. 50 Pf.

73. **Entschädigung für unschuldig erlittene Verhaftung und Bestrafung.** Nebst Anhang, enthaltend die dazu gehörigen Nebengesetze über Schadensersatz. Von Dr. jur. **A. Romen**, Wirkl. Geh. Kriegsrat. 1904. 2 M.

74. Die **Kaufmannsgerichte** nebst den preuß. Ausführungsbestimmungen. Von Professor Dr. **Max Apt. 3. Aufl.** 1905. 2 M.

75. Reichsgesetz über die **Konsulargerichtsbarkeit.** Von Dr. jur. **A. F. Vorwerk**, Rechtsanwalt in Schanghai. 2. Ausgabe, mit dem Schutzgebietsgesetz und der Ausführungsverordnung, betr. die Rechtsverhältnisse in den Schutzgebieten. 1908. 2 M.

76. **Die Rechtshilfe im Verkehr mit den ordentlichen Gerichten nach deutschem Reichsrecht.** Von Landrichter Dr. **A. Friedländer.** 1906. 1 M. 80 Pf.

77. **Das Reichserbschaftssteuergesetz.** Vom 3. Juni 1906. Von **Ulrich Hoffmann**, Rechnungsrat im Königl. Preuß. Finanzministerium. **2. Aufl.** 1911. 5 M.

78. **Zigarettensteuergesetz.** Vom 15. Juli 1909. Von Dr. **Cuno**, Regierungsassessor. **2. Aufl.** in Vorbereitung, nach Erlaß der sämtlichen Ausführungsbestimmungen.

79. **Die Militärpensionsgesetze** vom 31. Mai 1906 nebst Ausführungsbestimmungen. Zum Gebrauch für Heer, Marine und Schutztruppe von Dr. jur. **A. Romen**, Wirklicher Geheimer Kriegsrat.

a) I. Teil: Offizierpensionsgesetz. 1907. 3 M. 50 Pf.

b) II. Teil: Mannschaftsversorgungsgesetz. 1908. 3 M. 50 Pf.

80. Reichsgesetzgebung über **gerichtliche Registerführung.** Von **Otto Lindemann**, Geh. Justizrat. 1906. 3 M.

81. Gesetz, betr. **Urheberrecht an Werken der bildenden Künste und der Photographie.** Von Dr. **Ludwig Fuld**, Rechtsanwalt. 1907. 1 M.

82. **Reichsbeamtengesetz** in der Fassung vom 18. Mai 1907 und seine Ergänzungen von Geheimrat Professor Dr. **Adolf Arndt.** 1908. 3 M.

83. Reichsgesetz über **den Versicherungsvertrag** nebst Einführungsgesetz. Von Dr. **Paul Hager** und Dr. **E. Bruck.** **2. vermehrte und verbesserte Auflage.** 1910. 5 M.

84. **Sammlung kleinerer privatrechtlicher Reichsgesetze** von Oberlandesgerichtsrat **Georg Müller.** 1908. 6 M. 50 Pf.

85. **Scheckgesetz** mit Einleitung usw. Von Prof. Dr. **Max Apt.** **5. Aufl.** Mit Postscheckordnung vom 6. Nov. 1908 und im Anhang „Besteuerung des Schecks". 1909. 2 M.

Postscheckordnung vom 6. Nov. 1908. Apart mit Erläuterungen und Ausführungsbestimmungen. (30 Pf.)

86. **Die Auslieferungsverträge des Deutschen Reiches** von Landrichter **A. Cohn.** 1908. 4 M.

87. Gesetz zum **Schutz der Warenbezeichnungen.** Von Geh. Reg.-Rat, Mitglied des Patentamts Dr. **Freund** und Rechtsanwalt **Magnus. 5. Aufl.** 1909. 3 M. 50 Pf.

88. **Vereinsgesetz** vom 19. April 1908. Von Dr. jur. **A. Romen,** Wirkl. Geh. Kriegsrat. **3. Aufl.** 1912. 2 M. 50 Pf.

89. **Vogelschutzgesetz** vom 30. Mai 1908 nebst den das Flugwild betr. Bestimmungen der Preußischen Jagdordnung von Dr. jur. **Leo von Boxberger.** 1908. 1 M.

90. Die Haager Abkommen über das **Internationale Privatrecht** von Dr. **G. A. E. Bogeng.** 1908. 2 M. 20 Pf.

91. **Eisenbahn-Verkehrsordnung** vom 23. Dez. 1908. Mit Ausführungsbestimmungen. Von Regierungsassessor bei der Eisenbahndirektion Breslau Dr. **Ernst Blume.** 1909. 2 M. 50 Pf.

92. Gesetz, betr. den **Verkehr mit Kraftfahrzeugen.** Von Amtsrichter **R. Kirchner. 2. Ausgabe** ergänzt durch die Bundesratsverordnung vom 3. Febr. 1910 und das Internationale Uebereinkommen vom 11. Okt. 1909. 1910. 3 M.

93. Gesetz über die **Sicherung der Bauforderungen** von Justizrat Dr. **E. Harnier. 3. Aufl.** 1912. 1 M. 60 Pf.

94. **Haftpflicht der Reichs- und Staats-Beamten** von Dr. **H. Delius. 2. Aufl.** 1909. Mit dem Nachtrag, enth. das Gesetz über die Haftung des Reichs für seine Beamten vom 22. Mai 1910. 3 M. 50 Pf.

95. Die Berner Uebereinkunft über **internationales Urheberrecht** von Dr. **Herm. Dungs**, vortrag. Rat im Reichsjustizamt. 1910. 1 M.
96. **Branntweinsteuergesetz** vom 15. Juli 1909. Unter Berücksichtigung der für das Reich erlassenen Ausführungsbestimmungen. Von Geh. Reg.-Rat **Johs. Rath**, vortrag. Rat im Reichsschatzamt. 1910. 3 M. 50 Pf.
97. **Schutzgebietsgesetz** nebst der Verordnung betr. die Rechtsverhältnisse in den Schutzgebieten, dem Gesetz über die Konsulargerichtsbarkeit sowie den Ausführungsbest. und ergänzenden Vorschriften. Von **Johs. Gerstmeyer**, Wirkl. Legationsrat und vortrag. Rat im Reichskolonialamt. 1910. 3 M.
98. **Sechs Haager Abkommen** über **Internationales Privatrecht.** Von Dr. **Herm. Dungs**, vortrag. Rat im Reichs-Justizamt. 1910. 1 M. 50 Pf.
99. **Die Abkommen der Haager Friedenskonferenz** von Dr. jur. **Hans Wehberg.** 1910. 3 M.
100. Gesetz über den **Absatz von Kalisalzen.** Von Geh. Bergrat **Carl Voelkel.** 1910. 2 M. 40 Pf.
101. **Zuwachssteuergesetz** vom 14. Februar 1911. Von Dr. **W. Cuno**, Regierungsrat im Reichsschatzamt. 1911. 3 M. 60 Pf.
102. **Urheberrecht an Mustern und Modellen** u. Ges. betr. Schutz v. Gebrauchsmustern von Reg.-Rat **Johs. Neuberg**, Mitgl. d. K. Patentamts. 1911. 2 M. 40 Pf.
103. **Reichs-Viehseuchengesetz** vom 26. Juni 1909 nebst Ausführungsvorschriften u. dem preuß. Ausführungsgesetz. Von Landrat Dr. **Walter v. Hippel.** 1912. 3 M.
104. **Versicherungsgesetz** für Angestellte vom 20. Dez. 1911. Von Rechtsanwalt **O. Bernstein** und Dr. **J. Kupferberg.** 1912. 3 M. 50 Pf.

105. **Das Geldwesen in den deutschen Schutzgebieten.** Von **W. Hintze,** Geheimer exped. Sekretär im Reichskolonialamt. 1912. 2 M.

106—109. **Reichs-Versicherungs-Ordnung nebst Einführungsgesetz:** 4 Bände.

106. Erstes, fünftes und sechstes Buch. **Gemeinsame Vorschriften. — Beziehungen der Versicherungsträger zu einander und zu anderen Verpflichteten — Verfahren.** Bearbeitet von Dr. **K. Lippmann,** Reg.-Rat, Geh. Rat Dr. **L. Laß** und **H. Siefart,** vortrag. Räte im Reichsamt des Innern. 1912. Im Druck.

107. Zweites Buch. **Krankenversicherung.** Von Geh. Reg.-Rat **H. Siefart,** vortrag. Rat im Reichsamt des Innern. 1912. Im Druck.

108. Drittes Buch. **Unfallversicherung.** Von Geh. Reg.-Rat **A. Radtke,** Senatsvorsitzender im Reichsversicherungsamt. 1912. Im Druck.

109. Viertes Buch. **Invaliden- und Hinterbliebenenversicherung.** Bearbeitet von Geh. Ober-Regierungs-Rat **B. Jaup,** vortragender Rat im Reichsamt des Innern und **H. Follmann,** Geh. Reg.-Rat im Reichsversicherungsamt. 1912. Im Druck.

Guttentag'sche Sammlung

Preußischer Gesetze.

Text-Ausgaben mit Anmerkungen. Taschenformat.

---

1. Die **Verfassungs-Urkunde** für den Preußischen Staat. Mit Einleitung, vollständigem Kommentar. Von Prof. Dr. **Adolf Arndt. 7. Aufl.** 1911. **4 M.**

2. Preußische **Beamten-Gesetzgebung.** Enthaltend die wichtigsten Beamtengesetze in Preußen. Von **C. Pfafferoth. 4., neubearb. Aufl.** 1905. Mit Anhang: Abänderung vom 27. Mai 1907. 2 M.

3. **Die Aufnahme des Notestaments** durch die bestellten Urkundspersonen. Anweisung mit Musterbeispielen und Abriß des Erbrechts von Amtsgerichtsrat **C. Kurtz.** 1904. 1 M. 50 Pf.

4. **Gebührenordnung** für **Notare** vom 25. Juli 1910. **4. Aufl.** bearbeitet von Justizrat **Nausnitz.** 1910. 2 M 20 Pf.

5. Gesetz vom **24. April 1854 (betr. die außerehel. Schwängerung).** Von Dr. **Schulze.** 1873. 75 Pf.
   Gültiges Recht siehe: Reichsgesetze Nr. 58.

6. Die Preuß. **Ausführungsgesetze und Verordnungen zu den Reichs-Justizgesetzen.** Von **R. Sydow. 3. vermehrte Aufl.** 1895. 2 M. 40 Pf. Siehe Seite 24, Busch-Eylau, Ausführungsgesetze.

7. Allg. **Gerichtsordnung** und Preuß. **Konkursordnung.** Von **F. Bierhaus.** Vergriffen.

8. **Vormundschaftsordnung.** Von **F. Schultzenstein.**
   Gültiges Recht siehe: Reichsgesetze Nr. 47.

9. Die Preußische **Grundbuchgesetzgebung.** Von Prof. Dr. **Fischer.** Vergriffen. Siehe: Reichsgesetze Nr. 42.

10. **Einkommensteuergesetz.** Von **A. Fernow,** Geh. Ober-Finanzrat. **7. Aufl.** 1908/9. Mit Nachtrag, enth. die Bestimmungen v. 22. März und 26. Mai 1909. 3 M. 25 Pf.

11. **Gewerbesteuergesetz.** Von **A. Fernow,** Geh. Ober-Finanzrat. **5., vermehrte Aufl.** 1910. 3 M.

12. **Allgemeines Berggesetz** für die Preußischen Staaten vom 24. Juni 1865. Von **W. Westhoff** und **W. Schlüter. 2. Aufl.** 1907. Mit Nachtrag von 1909. 5 M.

13. **Ergänzungssteuergesetz** (Vermögenssteuergesetz). Von **A. Fernow,** Geh. Ober-Finanzrat. **4. vermehrte Aufl.** 1907. 2 M. 40 Pf.

14. **Kommunalabgabengesetz.** Vom 14. Juli 1893 und Gesetz wegen Aufhebung direkter Staatssteuern. Von Dr. **F. Adickes,** Oberbürgermeister. **5. Aufl.** Bearbeitet von Stadtrat Dr. **Woell.** 1911. 2 M. 40 Pf.

15. Die **Kreisordnungen** für den Preußischen Staat. Von **O. Kolisch,** Landgerichtsrat. 1894. 4 M.

16. **Konzessionierung gewerblicher Anlagen.** Preuß. Ausführungs-Anweisung zu §§ 16 u. ff. der Gewerbe-Ordnung. Von Dr. **W. v. Rüdiger,** Geh. Regierungs- u. Gewerberat. **2. Aufl.** 1901. 2 M.

17. Preußisches **Gerichtskostengesetz.** Vom 25. Juli 1910. Mit Kostentabellen. Von Dr. **P. Siméon, Kammergerichtsrat. 6. Aufl.** 1910. 3 M. 60 Pf.

18. Preußisches **Stempelsteuergesetz** vom 30. Juni 1909. Mit sämtlichen Ausführungsbestimmungen. Von **P. Loeck**, Geh. Regierungsrat. **7. Aufl.** 8°. 1911. 7 M.

19. Das **Jagdscheingesetz.** Mit ausführlichen Erläuterungen. Von **F. Kunze**, Wirklichem Geh. Ober-Regierungsrat. **2. Aufl.** 1899. 2 M.

20. Die **preußischen Erbschaftssteuergesetze.** Unter Berücksichtigung der Novelle vom 31. Juli 1895. Von **A. Hoffmann**, Rechnungsrat im Königl. preuß. Finanzministerium. 1905. 4 M.

(**Reichs**-Erbschaftssteuergesetz s. Reichsgesetze Nr. 77).

21. Gesetz über die **Handelskammern.** Von **F. Lusensky**, Geh. Regierungsrat. **2. Aufl.** 1909. 3 M.

22. Gesetz, betr. **Anstellung und Versorgung der Kommunalbeamten.** Von Dr. **W. Ledermann**, Magistratsassessor zu Berlin. 1899. 1 M. 25 Pf.

23. **Ausführungsgesetz zum Bürgerlichen Gesetzbuche.** Von Kammergerichtsrat Dr. **P. Siméon. 2. Aufl.** 1905. 1 M. 80 Pf. Siehe auch B u s ch - E y l a u S. 24.

24. Die **Hinterlegungsordnung** in der Fassung des Ausführungsgesetzes zum BGB. vom 20. Sept. 1899 nebst Ausführungsbestimmungen. Von Regierungsrat Dr. **Georg Bartels. 2. Aufl.** 1908. 2 M.

25. **Preußische Kommunalbeamtengesetzgebung.** Von Magistrats-Assessor Dr. **Fr. Kremski**, Berlin. 1901. 3 M.

26. **Gesetze über das Diensteinkommen der Lehrer und Lehrerinnen, Ruhegehalt und Fürsorge für Hinterbliebene.** Tabelle zur Berechnung der Ruhegehalts-, Witwen- und Waisenbezüge. Von Dr. **Ed. Cremer**, Beigeordneter. 1900. 2 M. 40 Pf.

27. Gesetz, betreffend die **Warenhaussteuer**. Von Geh. Ober-Finanzrat Dr. **G. Strutz**. 1900. 1 M. 20 Pf.

28. Gesetz über die **Fürsorgeerziehung Minderjähriger**. Von Landgerichtsdirektor Dr. **P. F. Aschrott**. **2. umgearbeitete Aufl.** 1907. 2 M. 80 Pf.

29. Gesetz, betr. **die ärztlichen Ehrengerichte, das Umlagerecht und die Kassen der Aerztekammern.** Von Amtsgerichtsrat Dr. **F. Fidler**. 1901. 1 M. 50 Pf.

30. Das **Preußische Staatsschuldbuch** und **Reichsschuldbuch**. Von Wirkl. Geh. Ober-Finanzrat **J. Mücke**. 1902. 2 M.

31a. **Die geltenden Preußischen Gesindeordnungen.** Herausgegeben in zwei Bänden von **Stephan Gerhard**, Rechtsanwalt in Berlin. 1902.

Band I: Gesindeordnung für die altpreußischen Provinzen vom 8. Nov. 1810, mit Erläuterungen unter Berücksichtigung der Ergänzungsgesetze und der Rechtsverhältnisse der Gesindevermieter, sowie die Gesindeordnungen für Neuvorpommern und Rügen und für die Rheinprovinz. 2 M. 50 Pf.

31b. **Band II**: Gesindeordnungen für Hannover, Schleswig-Holstein, Hessen-Nassau und den Regierungsbezirk Hohenzollern. 2 M. 50 Pf.

Siehe auch Seite 25: Ratgeber von Grieben.

32. **Die Städteordnung für die sechs östlichen Provinzen** Preußens vom 30. Mai 1853. Von Dr. jur. **Walter Ledermann**, Stadtrat zu Berlin. 8°. 1902. 6 M.

33. **Rentenguts- und Anerbenrechts-Gesetzgebung in Preußen.** Von Landgerichtsrat **M. Peltasohn** und Rechtsanwalt **Bruno Peltasohn.** 1903. 3 M.

34. Sammlung der wichtigsten **preußischen Strafgesetze** nebst Anhang: Gesetz betr. polizeiliche Strafverfügungen vom 23. April 1883. Von **Otto Lindemann**, Geheimen Justizrat. 1912. **2. Aufl.** 3 M. 50 Pf.

35. **Geschäftsordnung für Gerichtsvollzieher.** Gerichtsvollzieherordnung und Gebührensätze von Amtsgerichtssekretär **Emil Exner.** 1904. 3 M. 50 Pf.

36. **Polizeiverordnungen in Preußen.** Von **Otto Lindemann**, Geheimen Justizrat. 1912. **2. Aufl.** 2 M. 50 Pf.

37. Gesetz über die **Enteignung von Grundeigentum** vom 11. Juni 1874. Von Oberlandesgerichtsrat **O. Meyer. 2. Aufl.** 1911. 2 M. 25 Pf.

38. **Kreis- und Provinzial-Abgabengesetz.** Vom 23. April 1906. Von **Fr. Schmidt**, Gemeindevorsteher. 1906. 1 M. 25 Pf.

39. Gesetz, betr. die **Unterhaltung der öffentl. Volksschulen.** Von Dr. **A. Marcks**, Reg.-Rat. 1906. 2 M.

40. **Verwaltungsstrafverfahren** bei Zuwiderhandlungen gegen die Zollgesetze und indirekte Reichs- und Landesabgaben, sowie die Bestimmungen über die Schlacht- und Wildpretsteuer vom 26. Juli 1897. Von Dr. **Richard Katzenstein**, Gerichtsassessor. 1907. 3 M. 60 Pf.

41. Die **preußischen Jagdpolizeigesetze.** Von **Fr. Kunze,** Wirkl. Geh. Oberregierungsrat und **R. Kühnemann,** Rechtsanwalt. **2. Aufl.** 1907. 3 M. 60 Pf.

42. Die Gesetzgebung über die **Allgemeine Landesverwaltung** und über die **Zuständigkeit der Verwaltungs- und Verwaltungsgerichtsbehörden.** Von Rechtsanwalt Dr. **Karl Friedrichs.** 1908. 3 M.

43. Gesetz betr. die **Zulassung einer Verschuldungsgrenze** für land- und forstwirtschaftlich benutzte Grundstücke vom 20. August 1906 nebst Ausführungsvorschriften. Von Dr. jur. **R. Leweck,** Syndikus der Ostpreuß. Landschaft. 1908. 2 M. 40 Pf.

44. **Quellenschutzgesetz** vom 14. Mai 1908 nebst den Ausführungsbestimmungen von **Carl Voelkel,** Geheimer Bergrat. 1909. 1 M.

45. **Rechtsverhältnisse der Juden in Preußen** von Dr. jur. **Max Kollenscher,** Rechtsanwalt. 1910. 2 M. 40 Pf.

46. **Austritt aus der Landeskirche** vom 14. Mai 1873. Von Gerichtsassessor **Hrch. Chr. Caro.** 1911. 2 M. 40 Pf.

47. Gesetz, betr. die **Feuerbestattung** vom 14. Sept. 1911 nebst Ausführungsanweisung von Amtsgerichtsrat Dr. **W. Lohmann.** 1911. 1 M. 50 Pf.

48. **Zweckverbandsgesetz für Großberlin** vom 19. Juli 1911 nebst Abdruck des allgemeinen Zweckverbandsgesetzes. Von Magistratsräten Dr. **Ludw. Brühl,** Dr. **Kurt Gordan** und Stadtrat Dr. **Walter Ledermann** in Berlin. 1912. 4 M.

49. **Gesetze gegen die Verunstaltung landschaftlich hervorragender Gegenden** vom 2. Juni 1902 und 15. Juli 1907 mit den ergangenen Ausführungsanweisungen. Von Regierungsrat **Otto Goldschmidt.** 1912. 2 M. 50 Pf.

Guttentag'sche Sammlung
von Text-Ausgaben mit Sachregister ohne Anmerkungen.
Taschenformat, elegant in Leinen gebunden.

Zivilprozeßordnung mit **Gerichtsverfassungsgesetz** und **Einführungsgesetzen.** Neue Fassung. Mit der Novelle vom 22. Mai 1910. 2 M.

Konkursordnung mit **Einführungsgesetz.** 80 Pf.

Bürgerliches Gesetzbuch nebst **Einführungsgesetz.** 10. Abdruck. 2 M. 50 Pf.

Handelsgesetzbuch nebst **Einführungsgesetz** und **Seerecht.** 8. Abdruck. 1910. 1 M. 80 Pf.

Reichsversicherungsordnung von 1911 (Kranken-, Unfall-, Invaliden- und Hinterbliebenenversicherung). ca 2 M. 50 Pf.

Militärstrafgerichtsordnung nebst **Einführungsgesetz** u. Gesetzen, betr. Dienstvergehen der richterlichen Militärjustizbeamten und unfreiwillige Versetzung derselben usw. mit **Militär-Strafgesetzbuch.***) **2. Aufl.** 1 M. 50 Pf.

*) Ist auch einzeln zu haben. Preis 1 M.

Wechselordnung in der neuesten Fassung mit Anhang: **Wechselprozeß und Ausführungsanweisung.** 1908. 1 M.

Die Preußischen Ausführungsgesetze zum Bürgerlichen Gesetzbuche und Nebengesetze. 5. Aufl. 1 M. 80 Pf.

Reichsfinanzgesetze von 1909 einschließlich der **Reichsstempelgesetze** und des **Erbschaftssteuergesetzes.** 1909. 2 M.

Zuwachssteuergesetz vom 14. Februar 1911. 80 Pf.

Ausführungsbestimmungen zum Zuwachssteuergesetz vom 27. März 1911. 60 Pf.

Versicherungsgesetz für Angestellte vom 20. Dez. 1911. 1 M. 25 Pf.

Strafgesetzbuch. Mit ausführl. Sachregister. 1912. 1 M. 20 Pf.

Struckmann-Koch, Zivilprozeßordnung für das Deutsche Reich nebst den auf den Zivilprozeß bezüglichen Bestimmungen des Gerichtsverfassungsgesetzes und den Einführungsgesetzen. In den neuen Fassungen mit der Novelle von 1910. Kommentar. Herausgegeben unter Mitwirkung von **R. Rasch**, Landgerichtspräsident in Altona, Dr. **P. Koll**, Senatspräsident beim Oberlandesgericht in Cöln, Dr. **Flechtheim**, Rechtsanwalt beim Oberlandesgericht in Cöln. **9., umgearbeitete Auflage.** 1910. Lex.-8°. 24 M., geb. 26 M.

Pinner, Kommentar zum Gesetz **gegen den unlauteren Wettbewerb** vom 7. Juni 1909. **2. Aufl.** Herausgegeben von Justizrat **Albert Pinner** und Rechtsanwalt Dr. **Erich Eyck.** 1910. Gr.-8°. 5 M. 50 Pf., geb. 6 M. 50 Pf.

Deutsches Nahrungsmittelrecht für Juristen, Mediziner, Chemiker und Gewerbetreibende von Dr. **Georg Lebbin,** Nahrungsmittelchemiker und Dr. **Georg Baum,** Rechtsanwalt. 1907. 8°. Zwei Bände. Erster Teil: **Handbuch des Nahrungsmittelrechts.** Von Dr. **Georg Lebbin** und Dr. **Georg Baum.** Preis geb. 8 M. Zweiter Teil: **Amtliche Untersuchungsmethoden für Chemiker.** Zusammengestellt von Dr. **Georg Lebbin.** Preis geb. 8 M.

Kommentar zum Börsengesetz. Im Auftrage des Centralverbandes des Deutschen Bank- und Bankiergewerbes bearbeitet von Dr. **H. Rehm,** Dr. **H. Trumpler, Heinrich Dove,** Dr. **Ernst Neukamp,** Dr. **R. Schmidt-Ernsthausen,** Dr. **James Breit.** Mit Vorwort von Dr. **J. Rießer.** 1909. Gr.-8°. 12 M., geb. 13 M.

Patentgesetz und Gesetz, betr. den **Schutz von Gebrauchsmustern.** Von Justizrat Dr. **A. Seligsohn. 4., neubearbeitete Auflage.** 1909. Gr.-8°. 12 M., geb. in Leinen 13 M.

Die Rechtsverhältnisse der öffentlichen Anleihen. Von Geh. Regierungsrat Dr. **G. E. Freund.** Gr.-8°. 7 M., geb. 8 M.

Die Preußischen Ausführungsgesetze, Verordnungen und ministeriellen Verfügungen zu dem Bürgerlichen Gesetzbuche und den Reichs-Justizgesetzen nebst anderen zugehörigen Gesetzen. Von **L. Busch. 2. Aufl.** von Landrichter **O. Eylau.** 8°. Preis geb. 4 M. 50 Pf.

Preußische Bürgerliche Gesetzsammlung. Sammlung der noch geltenden Landesgesetze privatrechtlichen Inhalts. Herausgegeben von den Gerichtsassessoren **D. Fischer** und Dr. **F. Schroeder.** 8°. 2 Bände Preis geb. in ganz Leinen 20 M.

Erster Band: **Das Allgemeine Landrecht mit den Einführungs-Patenten.** Preis 6 M.

Zweiter Band: **Gesetze von 1773—1902.** Preis 14 M.

Preußisches Baupolizeirecht. Mit Kommentar der Baupolizeiverordnung für die Vororte von Berlin. Vom 28. Mai 1907. Von Gemeindebaurat **Carl Saß.** 8°. Preis 6 M.

Straßen- und Baufluchtliniengesetz. Kommentar für den praktischen Gebrauch mit zeichnerischen Darstellungen von Gemeindebaurat **Carl Saß.** 8°. Preis kartonniert 3 M.

Fluchtliniengesetz. —Das Gesetz, betreffend die **Anlegung** und **Veränderung** von Straßen und Plätzen in Städten und ländlichen Ortschaften vom 2. Juli 1875 von Friedrichs. **6., völlig neu bearbeitete Auflage.** Von Senatspräsident Dr. jur. **Hugo von Strauß und Torney.** In Vorbereitung.

Die Invaliden- und Hinterbliebenenversicherung nach der **Reichsversicherungsordnung.** Eine systemat. Zusammenstellung der gesetzl. Bestimmungen von Dr. **Richard Freund,** Vorsitzendem der Landes-Versicherungsanstalt Berlin. 1911. 2 M., geb. 3 M.

Wie leitet man eine Versammlung? Geschäftlicher Handweiser für Vorsitzende. Von einem Mitgliede des deutschen Reichstages und des preußischen Abgeordnetenhauses. **2. Aufl.** 1908. kart. 1 M.

Praktischer Ratgeber für Dienstherrschaften nach dem Preuß. Gesinderecht unter Berücksichtigung der neueren Entscheidungen bearbeitet von **H. Grieben,** Verwaltungsdirektor a. D. und Bürgermeister. 1908. 1 M.

Das **Recht der Handlungsgehilfen** und Handlungslehrlinge. Von Rechtsanwalt **Hugo Horrwitz. 2. Aufl.** Geb. 3 M.

Die **Registratur.** Von **Hermann Kollrack. 2. Aufl.** 1906. 8°. **Kart.** 1 M. 40 Pf.

Die **Pflichten des Waisenrates.** Ein praktischer Leitfaden für Waisenräte und Verwaltungsbeamte. Von **F. Baum,** Geh. Justizrat und Vormundschaftsrichter. **8. vermehrte und verbesserte Auflage.** 1906. 8°. 60 Pf.

Der **Vormund, Gegenvormund, Pfleger und Familienrat.** Nach dem Bürgerlichen Gesetzbuch, dem Reichsgesetz über die Angelegenheiten der freiwilligen Gerichtsbarkeit und dem Ausführungsgesetz zum BGB. Ein praktischer Leitfaden. Von **F. Baum,** Geh. Justizrat und Vormundschaftsrichter. 1899. 8°. 50 Pf.

Schlagwort-Register.

R. = Nummer der Sammlung Deutscher **Reichs**gesetze.
P. = Nummer der Sammlung **Preußischer** Gesetze.
S. = Seite.

Schlagwort-Register. (R. = Reichsgesetz, P. = preuß. Gesetz.)

Schlagwort-Register. (R. = Reichsgesetz, P. = preuß. Gesetz.)

Schlagwort-Register. (R. = Reichsgesetz, P. = preuß. Gesetz.)

 Nr. 12. X. 1912. 92 000.

Kolibri 360 GmbH
Ferdinand-Jühlke-Straße 7
99095 Erfurt, Deutschland
produktsicherheit@kolibri360.de